ESSAI

SUR

LA COMPTABILITÉ COMMERCIALE.

Le dépôt voulu par les lois ayant été fait, je déclare que je poursuivrai devant les ribunaux tout contrefacteur de l'ouvrage que je donne au public, et que je ne reconnaîtrai comme bons que les exemplaires qui seront signés de moi.

M. Dézarnaud tient chez lui, *quai Pelletier, n° 3o*, un Cours continuel de Tenue des livres ;

Il se charge d'établir, chez MM. les négocians qui voudront bien l'honorer de leur confiance, des livres selon sa méthode, propres à chaque nature de commerce ; d'en suivre les écritures principales, de faire tout redressement de comptes, apurations, liquidations, balances générales ou bilan, etc.

Nota. Il n'admet à ses Cours que des Jeunes gens au-dessus de quinze ans.

IMPRIMERIE DE CARPENTIER-MÉRICOURT,
rue de Grenelle-S.-Honoré, n° 59.

ESSAI

SUR LA

COMPTABILITÉ COMMERCIALE,

OU

TENUE DE LIVRES A PARTIES DOUBLES,

RENDUE FACILE

A POUVOIR APPRENDRE SANS MAITRE;

Par B. Dezarnaud,

DE LEZIGNAN.

> Le Négociant qui tient ses Écritures avec une exactitude rigoureuse, ne compromet jamais, par quelque orage qu'il soit menacé, la totalité de sa fortune.

PARIS,

CHEZ { PHILIPPE, LIBRAIRE-ÉDITEUR, sur le Pont-Neuf, N° 23;
RENARD, A LA LIBRAIRIE DU COMMERCE, rue Sainte-Anne, N° 71;
L'AUTEUR, quai Pelletier, N° 30.

1825.

AVANT-PROPOS.

Encore une tenue de livres, dira-t-on peut-être? Eh! oui, encore une; mais si le but que je me propose est atteint, on ne regrettera pas le temps qu'on aura mis à la lire, ni l'argent qu'elle aura coûté. Deux motifs me font publier ma méthode, celui d'économiser le temps des teneurs de livres, et l'autre, plus puissant encore, de ménager la caisse du négociant qui les paie. Ce n'est pas tout: en rendant ma méthode facile à concevoir, et prompte à exécuter, j'ai pensé que les négocians eux-mêmes pourraient suivre leurs opérations et devenir les contrôleurs de leurs teneurs de livres, sans que cela dérobe beaucoup de temps à leurs affaires.

Tels sont les motifs qui m'ont soutenu dans cette entreprise, que je regarde beaucoup trop au-dessus de mes forces: si je ne réussis pas aussi complétement que je le désire, j'aurai la conscience intime qu'il n'aura pas dépendu de moi.

Si, comme on l'a dit souvent, le commerce est la source des richesses d'un état, les livres tenus régulièrement et avec clarté, ordre et économie, sont les sources de la richesse d'un négociant.

De l'utilité qu'il y a pour les négocians d'avoir de bons teneurs de livres.

La majeure partie des auteurs qui ont écrit sur la tenue de livres, n'ont pas manqué de prouver l'utilité qu'il y avait d'avoir un bon commis, et de le traiter honorablement dès qu'il le mérite, tant par le zèle qu'il montre pour les intérêts du négociant pour lequel il travaille, que par les connaissances qu'il possède de son état.

Mais souvent un faux calcul d'économie égare le négociant au point de le faire courir de préférence à celui qui demande le moins; cette erreur est impardonnable pour un homme qui sait parfaitement que la première qualité des marchandises se paie toujours plus cher que les autres. Que résulte-t-il de cette parcimonie? Que ses écritures se trouvent longues et embrouillées, et qu'au bout de quelques années d'opérations ne pouvant plus obtenir une balance générale, pas même un aperçu des affaires qu'il a faites, il se plaint de l'incurie de son teneur de livres, et se voit forcé, s'il veut connaître absolument sa position, d'avoir recours à un homme intelligent qui, n'étant appelé que pour rétablir l'ordre dans les écritures, coûte beaucoup plus au négociant, que la mince économie qu'il a faite.

Je sais aussi que quelques négocians n'accordent pas toute la confiance nécessaire à leurs teneurs de livres. Tant pis, ils n'y gagnent rien; au contraire. S'ils réfléchissaient que, d'un moment à l'autre, la mort peut les frapper, et laisser après eux le désordre dans leurs affaires, sans que nulle personne puisse s'y reconnaître, pas même celle qui, dans tout autre cas, peut donner sans peine tous les renseignemens, ils verraient combien leur peu de confiance peut porter préjudice à leur famille. D'ailleurs, quel fruit peut tirer un teneur de livres de la confiance que lui accorde un négociant? Aucun. S'il divulgue ce qui lui a été confié, il est digne de mépris, et les affaires du négociant ne changent point.

Base sur laquelle reposent les écritures de commerce.

Que les écritures soient tenues à parties simples, ou bien en parties doubles, la base se trouve toujours dans les deux mots qui suivent : *débit*, *crédit*. La confection et la distribution des livres, la rédaction des articles et leur clarté appartiennent exclusivement à l'intelligence et à la capacité des teneurs de livres. Ainsi, dès qu'un homme est bien pénétré; *que celui qui donne est créditeur, et doit être crédité; que celui qui reçoit est débiteur, et doit être débité*, il connaît cette base et n'a plus besoin que de se créer une marche régulière, qui mette tous les livres qui lui sont nécessaires, en harmonie; le reste marchera de soi-même.

De quelques routines préjudiciables aux intérêts des négocians.

Pour ne pas suivre une méthode claire et précise, il se trouve encore aujourd'hui des commerçans qui ont beaucoup de peine à comprendre pourquoi il faut créditer une personne quand elle paie. Cela vient de ce que leurs livres ne sont pas tenus avec principe; qu'ils n'ont qu'un brouillon qui renferme toutes leurs opérations; que ce brouillon ne sert qu'à leur faire perdre un temps précieux (sans parler des omissions qui peuvent se faire, et toujours à leur préjudice); lorsqu'ils sont obligés de feuilleter dans ce livre, cent, deux cents ou trois cents pages, pour donner, au débiteur qui se présente pour solder, la facture qu'il réclame.

Ce n'est pas tout : au fur et à mesure qu'ils établissent leur facture, ils font, pour indiquer que les articles sont payés, une grande croix, sans nulle indication, sans date ; de façon que, s'ils rayent un article pour un autre, c'est toujours tant pis pour eux. On conçoit que le commerçant qui tient ses écritures ainsi peut bien ne pas comprendre pourquoi il faut créditer la personne qui donne ; mais lorsqu'il saura qu'un débit ne peut être absorbé que par un crédit ; lorsqu'il aura des livres disposés avec ordre, et sur lesquels il ne pourra plus par un seul trait sur les articles indiquer qu'ils sont payés ; qu'il verra, par exemple, figurer au débit de Thomas une somme de 500 francs, et que Thomas viendra la lui solder, il saura bien alors qu'il faut créditer le compte de Thomas, pour qu'il y ait balance entre le débit et le crédit.

D'autres commerçans ont une autre manie qui ne leur est pas moins préjudiciable. Ils confient à leur mémoire, souvent infidèle, une partie des opérations qu'ils font, en se proposant de les annoter le lendemain. Le lendemain arrive, ils se trouvent distraits par les importuns, ou bien par les affaires qui s'accumulent, et insensiblement il se passe 8, 10 ou 15 jours avant que cette opération figure sur les livres, tandis qu'une minute, si je puis m'exprimer ainsi, suffit pour porter quelque opération que ce soit sur le livre auquel elle appartient.

De la mémoire nécessaire aux teneurs de livres.

Dire qu'un teneur de livres doit se rappeler de ce qu'il a fait, de ce qu'il fait, et savoir ce qu'il fera ; c'est lui dire ; quand vous passez un premier article d'une opération quelconque, vous devez à l'instant même conduire idéalement cette opération jusqu'à la fin.

Des comptes généraux, et de leurs auxiliaires.

Le chef d'une maison de commerce est représenté par les comptes généraux qui sont au nombre de cinq :

Caisse ;

Marchandises ;

Effets à recevoir ;

Effets à payer;

Profits et pertes.

Le compte de Caisse est débité de tout l'argent que l'on reçoit, et crédité de tout celui que l'on donne.

Le compte de Marchandises est établi pour recevoir à son débit toutes les marchandises qui entrent en magasin, et au crédit toutes celles qui en sortent.

Le compte d'Effets à recevoir voit figurer à son débit tous les effets qui entrent en portefeuille, et au crédit tous ceux que l'on donne en paiement ou que l'on encaisse.

Le compte d'Effets à payer est établi pour être crédité de tous les effets que l'on souscrit, et ensuite débité des mêmes effets à fur et mesure qu'ils sont acquittés de quelque manière qu'ils le soient.

Enfin, Profits et pertes : le débit de ce compte renfermera toutes les pertes que l'on aura faites, et le crédit tous les bénéfices.

Ces cinq comptes ont pour auxiliaires, et cela est à la volonté des commerçans, et suivant le genre d'affaires qu'ils font, les biens fonds, ou immeubles, les meubles, les dépenses du commerce, les assurances, les frais généraux, les frais particuliers, les frais de maison, les comptes de provision, d'intérêts, etc.; et ceux-là peuvent être encore subdivisés à l'infini.

Règle pour trouver le débiteur et le créditeur d'un article.

Celui à qui, ou pour compte de qui, on fournit quelques effets, est débiteur, et doit être débité; celui de qui, ou pour compte de qui, on reçoit quelques effets, est créancier, et doit être crédité.

Ou, plus simplement, celui qui donne est créditeur, et doit être crédité; celui qui reçoit est débiteur, et doit être débité. Cela s'entend, non-seulement pour les particuliers, mais aussi pour les comptes généraux.

Ma méthode abrégera nécessairement le temps qu'il faut pour se familiariser avec cette règle, puisque chaque livre auxiliaire ne fournira au plus que deux articles au Journal, l'un composé d'une masse de débiteurs pour un seul créancier, et l'autre d'une masse de créanciers pour un seul débiteur.

Je vais donner une idée de l'ensemble de ma méthode.

De quelques détails nécessaires sur l'ensemble de cette méthode.

Jusqu'ici les auteurs qui ont écrit sur cette partie essentielle de la comptabilité commerciale ont considéré le Journal d'un commerçant, comme le livre principal, par cela seul qu'il est soumis au timbre. Ils ont eu raison; il l'est en effet par l'intensité que lui donne la loi; mais, sans cesser de regarder le Livre-Journal d'un négociant comme le seul que la loi commande et reconnaisse, j'ai dû, dans l'intention où j'étais de trouver un moyen d'abréger les écritures, me frayer une route nouvelle, et, sans ôter au Journal son superbe apanage, resserrer son cadre de manière que, sans cesser d'être aussi clair que par les méthodes usitées jusqu'à ce jour, il présente une grande économie de travail, et de timbre surtout (1). Pour atteindre ce résultat, je donne à chaque

---

(1) La loi du 16 juin 1824, relative aux droits d'enregistrement et de timbre, réduit considérablement ces frais. Elle porte :

Article 5. Les polices d'assurances maritimes ne seront assujéties qu'au droit fixe d'un franc pour enregistrement. Le paiement du droit proportionnel fixé par l'art. 51 de la loi du 28 avril 1816, sera perçu seulement lorsqu'il sera fait usage de ces actes en justice.

Art. 8. Le droit de timbre proportionnel pour les effets, billets et obligations d'une somme de cinq cents francs et au-dessous, est réduit à trente-cinq centimes au lieu de soixante-dix cent.

Art. 9. Le droit de timbre spécial des livres de commerce, fixé par l'art. 72 de la loi du 28 avril 1816 à vingt centimes par feuille de petit papier ou moyen, est réduit à cinq centimes par feuille. Le droit de trente centimes ou cinquante centimes par feuille, selon le format des papiers de dimension supérieure, est réduit à dix centimes par feuille, quelle que soit la dimension du papier.

Art. 12. L'amende fixe de trente francs, prononcés par les articles 26 de la loi du 3 novembre 1798 (13 brumaire an 7), et 6 de la loi du 25 mai 1799 (6 prairial an 7), à l'égard des effets, billets et obligations au-dessous de six cents francs, écrits sur papier non timbré, est réduite au vingtième du montant de ces effets, sans qu'elle puisse néanmoins, dans aucun cas, être inférieure à cinq francs.

Lorsqu'un effet, un billet ou une obligation aura été écrit sur du papier d'un timbre inférieur à celui qui aurait dû être employé, l'amende du vingtième, prononcée par lesdits articles, ne sera perçue que sur le montant de la somme excédant celle qui aurait pu être exprimée sans contravention dans le papier employé, mais sans qu'elle puisse, dans aucun cas, être inférieure à cinq francs.

Les effets, billets ou obligations, écrits sur papier portant le timbre de dimension, ne seront assujétis à aucune amende, si ce n'est dans le cas d'insuffisance du prix du timbre et dans la proportion ci-dessus fixée.

Art. 15. Toutes les dispositions qui précèdent seront applicables aux perceptions à faire et aux amendes encore dues au moment de la publication de la présente.

Art. 16. Il est accordé un délai de six mois, à compter de la publication de la présente loi, pour faire enregistrer et timbrer, sans droits en sus ni amendes, tous les actes, effets et registres qui, en contravention aux lois sur l'enregistrement et le timbre, n'auraient pas été soumis à ces deux formalités.

opération, dans le livre auxiliaire qui la doit renfermer, tous la détails néçes-
saires, et ne porte au Journal que les conditions indispensables.

Des livres auxiliaires dont on fait usage dans cette méthode.

Les livres auxiliaires sont : les livres d'achats, de ventes, d'effets à recevoir,
d'effets à payer, de caisse, et d'un livre de notes, sur lequel doivent figurer tous
les articles qui ne dépendent, ni des marchandises, ni de la caisse.

> Nota. Ces livres auxiliaires varient selon le genre d'affaires des commerçans ; mais il
> est bon, sans être avare, de les multiplier le moins possible, quoique leur multiplicité
> ne rende pas le travail plus long.

Des différens articles qui peuvent se former par l'entrée ou la sortie des effets.

On peut former quatre articles pour l'entrée ou la sortie des effets.

1° S'il entre et sort quelque chose, comme quand j'achète des marchandises
et que je les paie ; alors marchandises doivent à caisse ce qu'elle a déboursé ;

2° Lorsqu'il entre quelque chose et ne sort rien, comme quand j'achète des
marchandises à terme ; dans ce cas, marchandises doivent à celui qui me les
vend ;

3° S'il n'entre rien et qu'il sorte quelque chose, comme quand je vends à
terme ; alors l'acheteur doit à marchandises ;

4° Lorsqu'il n'entre rien et ne sort rien, comme quand un correspondant
tire pour notre compte sur un autre correspondant ; alors le tireur doit à celui qui accepte.

Des erreurs reconnues au Journal.

Lorsqu'on a fait erreur à la composition du Journal, qu'un compte est débité
ou crédité en la place d'un autre compte, un nouvel article est nécessaire. Il
prend dans ce cas le nom d'article *contre-passé* ; il doit mentionner tout ce qui
est dans l'article erroné, et de plus en indiquer la date.

Des erreurs reconnues au Grand-Livre.

Si l'on rapporte au Grand-Livre un article au débit ou au crédit d'un compte
qui ne soit pas celui indiqué an Journal, on peut le contre-passer sans rien changer au Journal, en disant seulement : *Pour annuler l'article ci-contre, porté*

par erreur et qui appartient au compte, et mettre une petite croix, ou
autre signe quelconque, au débit et au crédit de cet article, pour indiquer
qu'il ne fait pas partie du compte : rétablir ensuite l'article au compte sans
nulle observation.

De la règle qu'il faut observer en plaçant sur le Journal le folio du Grand-Livre.

Les folios du Grand-Livre, placés vis-à-vis de chaque article au Journal,
lorsqu'il s'agit de rapporter les articles, ne se posent pas à l'aventure.

Il est d'usage de mettre celui du débiteur le premier, et celui du créancier
en suite. Cette marche régulière facilite la vérification lorsqu'elle devient nécessaire. Les teneurs de livres, outre cette précaution, font un trait ainsi:
— au-dessous du folio du débiteur, de façon que tous les débiteurs se trouvent
dessus le trait et tous les créditeurs dessous.

De quelques usages suivis pour les effets à recevoir et les effets à payer.

Il y a des teneurs de livres qui détaillent au Grand-Livre tous les effets portés
au Journal, quoiqu'ils soient donnés par le même correspondant, afin disent-
ils, de faciliter la vérification lors de la balance s'il y avait erreur. Non-seulement, cette méthode est beaucoup trop longue, mais encore elle ne remplit
par leur but: d'abord la vérification à faire au Grand-Livre en cas d'erreur, ne
se ferait pas plus promptement que sur le livre d'effets; en second lieu elle emploie beaucoup trop de place au Grand-Livre où tout doit être porté par extrait.

DISPOSITION DE CET ESSAI.

J'ai divisé cet essai en deux parties:

PREMIÈRE PARTIE.

Elle renferme la nouvelle méthode que je donne au public, le rapport des
livres entre eux, quelques abréviations dont on s'est servi dans le cours de cet
ouvrage, d'un avis au lecteur, d'une balance faite à la fin de chaque mois, d'une
balance générale pour passer à de nouveaux livres, d'un compte de vente, de
quelques remarques générales, d'un mois d'opérations sur des nouveaux livres,

et enfin un résumé général qui prouve mathématiquement l'utilité de cette méthode.

DEUXIÈME PARTIE.

La deuxième partie renferme des remarques générales sur l'utilité des comptes, et l'application qu'on en peut faire, sur les négociations et les cas qu'elles présentent; sur les livres auxiliaires, et l'ordre qu'on doit observer dans chacun d'eux; sur le Journal, sur les contre-parties du Journal; sur le Grand-Livre, sur les préparations qu'il faut faire avant de rapporter au Grand-Livre; sur les connaissances nécessaires pour rapporter les articles du Journal au Grand-Livre; sur les contre-parties du Grand-Livre; sur quelques règles à observer concernant le Grand-Livre; enfin sur le répertoire ou alphabet.

Elle traite des livres auxiliaires, du livre de caisse, des devoirs du caissier et des erreurs de caisse; des livres des comptes-courans, d'échéances, du magasin, de plusieurs modèles de ce dernier; du livre des factures et de son utilité; des livres de commissions, de ports de lettres, de dépenses générales; des différentes actions que forment les traites et remises.

Elle renferme une méthode pour trouver l'époque commune : elle donne les moyens d'établir des comptes d'intérêts par échelle, des comptes portant intérêt remis en ville, des comptes d'intérêts suivant la méthode ordinaire, des comptes d'intérêts d'après une nouvelle méthode plus abrégée que toutes les autres et par laquelle on peut calculer les intérêts de chaque article du compte, sans connaître l'époque où il sera arrêté, de manière qu'au moment de le remettre, il ne reste plus qu'à calculer les intérêts de la balance des capitaux.

Elle fait connaître les avantages de cette nouvelle méthode, renferme une note sur les nombres rouges, traite des causes accidentelles qui peuvent arrêter lors de la remise d'un compte portant intérêt, et donne les moyens d'y remédier.

Présente un tableau pour calculer les intérêts de 3 à 6 pour cent l'an en augmentant progressivement par 1/8, 1/4, 1/2 et 3/4, donne les moyens de continuer ce tableau.

Ce tableau est suivi d'un compte de retour à une traite protestée.

AVIS AU LECTEUR.

Lᴀ première partie de l'ouvrage que je livre au public, est ma propriété; elle ne ressemble à aucun de ceux qu'on a faits sur le même sujet; mais la manière dont elle est traitée ne doit pas être son seul avantage, il faut encore qu'elle soit la plus simple à concevoir et la plus facile à exécuter, qu'elle réunisse toutes les conditions d'une bonne comptabilité, que les résultats en soient clairs et certains, que la personne la moins versée dans le commerce puisse sans peine, en lisant cet ouvrage, se rendre raison de la marche qu'on a suivie, et de celle qu'elle doit suivre à son tour pour obtenir les mêmes résultats.

Sans doute on ne pensera pas que je prétende qu'il suffise de lire mon ouvrage pour devenir bon teneur de livres, on se tromperait; je prétends seulement donner les moyens sûrs de parvenir en peu de temps à tenir les livres avec ordre, précision et clarté. Les autres connaissances nécessaires aux teneurs de livres ne s'apprennent pas dans les livres élémentaires; la pratique, et une longue pratique seule peut les donner.

Je conseille, comme étant plus naturel, d'étudier la confection des livres auxiliaires suivant l'ordre que je leur ai donné, afin de se familiariser avec les opérations qu'ils renferment, et donner par la suite à chacune d'elles le raisonnement qui leur convient. J'entends par raisonnement les conditions essentielles à chaque genre d'opération.

Cette connaissance sera d'autant plus facile à acquérir, que chaque livre ne contient qu'un même genre d'opération. Mais

1

malgré la grande facilité à acquérir cette connaissance, qu'on ne la suppose pas inutile; c'est elle au contraire qui prépare sans efforts et presque sans étude le raisonnement clair et précis qui doit être l'apanage du Journal et du Grand-Livre.

Enfin, je pense que l'homme qui veut apprendre la tenue des livres doit étudier, ainsi que le fait celui qui veut devenir architecte, toutes les parties de son art, avant de s'occuper de l'ensemble de l'édifice.

EXEMPLE

De quelques abréviations dont on s'est servi dans le cours de cet Ouvrage.

Caisse.	C^{se} ou C.
Marchandises générales.	M^{dises} G^{les} ou M. G.
Effets à recevoir.	Effets à R^{oir}.
Effets à payer.	Effets à P^{er}.
Profits et pertes	P^{fits} et pertes ou P. et P.
Payable.	P^{ble}.
Prochain.	P^{ain}.
Courant.	C$_t$.
Son compte, notre compte, leur compte.	S. Cte, M. Cte, L. Cte.
Pour cent.	P. o/o.
Escompte.	Es^{te}.
Barrique.	B^{que}.
Tonneaux.	T^x.
Mon billet, son billet.	M/ B/, S/ B/.
Montant.	M^t.
Mon mandat, son mandat.	M/ M/, S/ M/.
Ma traite, sa traite.	M/ T^{te}, S/ T^{te}.
A mon ordre, à son ordre.	A m/. o/., à s/. o/.

EXPLICATION

Du sens qu'on donne dans le commerce aux mots:

Débiteur.	Créancier.
Débit.	Crédit.
Débiter.	Créditer.
Celui qui nous doit est le débiteur.	Le créancier est celui à qui nous devons.
Ce qu'il nous doit compose le débit.	Le crédit, ce que nous devons au créancier.
Ajouter un article à ceux qu'on nous doit déjà, c'est débiter.	Créditer, marque l'action que nous faisons en portant un article au crédit de celui à qui nous devons.

DU RAPPORT DES LIVRES ENTRE EUX.

Tous les livres des négocians sans exception concourent par des chemins divers au même but, celui de faire connaître le gain qu'il fait ou la perte qu'il éprouve.

Ainsi, tous les livres qu'un négociant crée pour se rendre compte de toutes les opérations qu'il fait ou de celles qu'il fera méritent également d'être tenus avec soin, je dis même chacun en particulier, avec autant d'exactitude qu'on en met pour tenir le Journal.

Je ne prétends pas dire que les jeunes gens qui sont dans une maison pour apprendre le commerce, et qui tiennent les livres de ventes, d'achats, des dépenses, du magasin, etc., doivent en aucun cas connaître le résultat des affaires du négociant. C'est au teneur de livres seul qu'est réservée cette faveur, puisque c'est lui qui doit le communiquer au chef. J'entends au contraire que chaque jeune homme qui est chargé d'un livre le tienne exactement, ainsi que le teneur de livres le lui aura indiqué. Qu'il ne saute pas à pieds joints (si je puis m'exprimer ainsi) sur les conditions qui font partie essentielle d'une opération, enfin qu'il n'en omette aucune.

S'il me fallait faire une comparaison pour rendre plus clair mon raisonnement, je ferais celle-ci :

Le chef d'une maison de commerce est à mes yeux un chef de division d'une administration, le teneur de livres son chef de bureau, et les jeunes gens quelque nombreux qu'ils soient, ou autres personnes chargées des livres auxiliaires, les employés. Le chef de division, de sa propre autorité ou de concert avec son chef de bureau, arrête la méthode qui sera suivie pour les écritures que son genre de commerce exige. Ensuite le chef de bureau s'occupe de la formation des livres, les distribue à chacune des personnes chargées de les tenir, en donnant préalablement à chacune d'elles les notions préliminaires ou indispensables au résultat qu'il se propose.

En agissant ainsi, on voit aisément que chaque employé doit connaître parfaitement la partie qui lui sera confiée, et que dans le cas où le chef de bureau ou teneur de livres viendrait lui demander quelques renseignemens sur cette même partie, il pourra les lui donner sans difficulté; mais on voit aussi que, tiré de là, cet employé ne pourra rien dire de positif sur les affaires du négociant.

Supposons maintenant que les commis qui tiennent les livres d'achats, de ventes, de dépenses, etc., se communiquent le résultat de leurs opérations, ils n'en sauront pas davantage quant au résultat des affaires du négociant; car ce n'est rien savoir que de connaître qu'on a acheté pour 50,000 fr. de marchandises, qu'on en a vendu pour 40,000 fr., et qu'on a dépensé, pour divers frais, 1,700 fr.

L'on a vu par ce que je viens de dire, que la méthode, quelle qu'elle soit, pour tenir les livres auxiliaires, devait partir du bureau du chef; mais en même temps j'ai supposé à ce chef, outre l'intelligence nécessaire pour monter des livres qui soient en harmonie, celle, plus précieuse encore, de conserver par devers lui un moyen sûr de les contrôler avec facilité et promptitude; sans cela le but ne serait pas atteint.

Si j'ai bien exprimé ma pensée, il est facile de voir que le travail d'une maison de commerce, quelque détaillé et quelque considérable qu'il soit, partant toujours du bureau du chef, toutes les parties de la comptabilité doivent revenir dans ce bureau pour y être rassemblées par des moyens simples, autant que possible, afin d'obtenir un résultat général qui peut être d'un moment à l'autre demandé par le chef de division.

DE L'INVENTAIRE GÉNÉRAL.

L'INVENTAIRE général de tous les effets, tant actifs que passifs, doit se faire au moins une fois par an. Les prix des marchandises qui restent en magasin à l'époque de l'Inventaire sont cotés suivant le cours du jour, sans avoir égard à ce qu'elles ont coûté. Si dans le nombre des débiteurs il s'en trouve de mauvais et de douteux, on les classe ainsi : *débiteurs bons, débiteurs douteux, débiteurs mauvais.* Ces dernier, bien souvent ne figurent dans l'Inventaire que pour mémoire seulement, sans que le montant des sommes qu'ils doivent soit compris dans l'actif. Dans ce cas, il ne faut pas leur ouvrir de compte.

D'autres fois aussi, à l'approche d'un Inventaire on passe l'inspection du Grand-Livre, et ceux des débiteurs qui sont regardés comme mauvais sont soldés par profits et pertes, afin de réduire le plus possible le travail que nécessite la préparation d'un Inventaire général. Si, par suite, l'un des comptes soldés ainsi par profits et pertes, devenait bon, et qu'il payât une partie ou la totalité de sa dette, il faudrait, sans lui rouvrir de compte, débiter la caisse; si c'était des écus qu'on reçût, ou effets à recevoir, si c'était des effets, par le crédit de profits et pertes, en indiquant dans l'article du Journal que cette somme sert à payer le débit de un tel qu'on avait soldé par profits et pertes, à telle époque.

La méthode généralement adoptée pour faire les Inventaires est celle que j'ai suivie.

Après qu'on a fait le bordereau de la caisse, on classe les marchandises : autant que possible, on porte les quantités de chacune d'elles; on indique leur qualité et le prix suivant le cours du jour, ainsi que je l'ai déjà dit.

Les chiffres placés en dehors de la petite colonne à gauche représentent la page du Journal où est porté l'Inventaire, et ceux placés dans la colonne, les nᵒˢ. d'ordre donnés aux marchandises, et par suite aux effets à recevoir et à payer.

Ayant fait entrer dans cet Inventaire diverses marchandises, qui, rarement sont vendues par les mêmes commerçans, à moins que ce soit accidentellement, je dois prévenir que presque chacune d'elles demanderait un livre de magasin disposé différemment que celui qui m'a servi dans ce cours. Par exemple, les vins, à cause du dépotage, remplissage et changement de fût, demandent un soin particulier pour suivre la trace de toutes les variations qu'ils éprouvent. Viennent ensuite les soieries, les draps, les toiles, sucres, cafés, etc. Ces sortes de marchandises demandent encore une autre distribution du livre du magasin.

Je donnerai, dans la seconde partie de cet ouvrage, quelques modèles des plus en usage.

Après que toutes les marchandises sont inventoriées, on fait le bordereau des effets en portefeuille. On leur donne un numéro, à mesure qu'ils sont inscrits; puis les correspondans, débiteurs, ensuite les immeubles s'il y en a, et enfin les meubles.

On arrête, par une addition, le total des effets actifs. On procède avec le même ordre et de la même manière pour les effets passifs.

Cette opération finie, on soustrait des effets actifs le montant des effets passifs, et la différence est ce qui reste net au négociant à l'époque de l'Inventaire. Cette différence, soit le net de l'actif, est la somme qui se porte au crédit du compte capital. (*Voyez* le 1er article du Journal A.)

INVENTAIRE GÉNÉRAL

De tous mes Effets, tant actifs que passifs.

EFFETS ACTIFS.

.1	**CAISSE.**						
	40 pièces d'or	de 20 f. » c.	800	»			
	500 dito d'argent	de 5 »	2500	»			
	5 billets de b^{que}	de 1000 »	5000	»			
	Et en diverses monnaies		350	50	»	86,50	50
.1	**MARCHANDISES.**						
	Vins.						
1	25 pièces vin de Bourgogne 1re qu.	à 200 »	5000	»			
2	10 dito dito d'Orléans 2me qù.	à 90 »	900	»			
3	300 bout. dito de Champ. mousseux	à 2 »	600	»	6500	»	
	Soieries.						
4	12 pièces foulards 3/4	à 30 »	360	»			
5	10 douz. bas de soie la douz.	à 80 »	800	»	1160	»	
	Draps.						
6	15 p. drap bleu tirant ch. 30 m. 450 c. à 50 »		22,500	»			
7	10 p. dito noir 4/4 ch. 24 m. ens. 240 à 60 »		14,400	»			
8	2 p. dito vert 4/4 d. 20 m. 50 ens. 41 à 30 »		1230	»	38,130	»	
	Sucre.						
9	500 pains de sucre pes^t 2500 kilog. à 2 50				6250	»	
	Café.						
10	200 kilog. café Bourbon à 2 40				480	»	52,520	»
.1	**EFFETS A RECEVOIR.**						
1	Billet Lottin à m/ o/ du 15 novembre au 15 mars.				2000	»	
2	Billet Cherel, o/ Blanc et à moi au 15 février.				600	»	
3	T^{te} Brossard o/ Simon et à m/ o/ sur Pinson de Nantes, du 5 décembre au 10 mars, . . .				1500	»	4100	»
	Correspondans débiteurs.						
.1	Simon de Beauvais, pour l'arrêté du compte du 27 expiré . .						473	60
.1	Masson de Cherbourg, ma facture du 15 expiré à 3 mois . . .						501	05
.1	Cousin de Laval, pour reste de compte.						13	50
	à reporter.						66,258	65

		Suite et apport de l'Inventaire. . .			66,258	65
.1		*Immeubles.*				
		Une maison sise à Paris, rue de la Paix, n° 105, estimée.			50,000	»
.1		*Meubles.*				
		12 couverts en argent, marqués, estimés . .		800	»	
		Divers meubles, linge et effets à mon usage, évalués.		3200	»	4000	»
		Total de l'Actif. . . .			120,258	65

EFFETS PASSIFS.

		Correspondans créanciers.				
.1		Langlois d'Elbeuf, pour sa facture draps du 5 déc. à 6 mois.			3500	40
.1		Gilon de Paris, pour reste de compte.			13	30
.1		Gaudinot d'Orléans, pour le compte arrêté le 25 expiré. . . .			8240	80
.1		EFFETS A PAYER.				
1		M/ B/ o/ Nicolas. Du 7 novembre au 15 février.		7500		
2		M/ B/ o/ Scot , du 25 décembre au 10 janvier.		4000		
3		T/te Robert o/ Picot, A., le 20 déc. au 5 dito.		3000		
4		Mon bon au porteur du 12 dito au 25 dit.		307		14,807	»
		Total du Passif. . . .			26,561	50

Le montant des Effets actifs est de. . . 120,258 f. 65 c.
Et celui des Effets passifs de. . . . 26,561 f. 50 c.

Partant, reste pour le net de mon actif. 93,697 f. 15 c.

Clos et arrêté le présent Inventaire, que j'affirme sincère et véritable.

Paris, le 1er janvier 1825.

Signé GRANDON.

LIVRE DE CAISSE.

Du livre de Caisse.

Le livre destiné à inscrire les recettes et les dépenses d'un commerçant s'intitule *livre de caisse*. Il se tient par débit et par crédit. Toutes les sommes reçues, à quelque titre que ce soit, doivent figurer dans la colonne à gauche où sont écrits, en tête de la page, *caisse doit*.

Ce livre doit être folioté comme tous ceux qui sont destinés à recevoir et à donner.

Entre les deux lignes tirées à l'extrême gauche de la page, on place l'année, ensuite le mois, et, dans la petite colonne qui suit, le quantième. Le grand espace réservé se trouve rempli par le nom du sujet qui fournit les espèces.

Il est très-urgent d'écrire lisiblement le nom de la personne qui paie, et de dire le pourquoi, afin que le teneur de livres, lorsqu'il se trouve sur le point de former son Journal, ne soit pas arrêté ou dérangé pour demander au caissier, ou à celui qui en remplit les fonctions, pourquoi il a reçu telle somme.

On remarquera que, lorsque je reçois un effet, je ne fais qu'indiquer son numéro et la somme. Cela est suffisant ; en voici la raison :

Le teneur de livres seul sera chargé de faire sortir au livre d'effets à recevoir les effets qui seront encaissés. Il fera ce travail avant même de passer à la compositon de son Journal. Ainsi, dès qu'il verra à la caisse, par exemple : reçu le numéro 7, il prendra le livre d'effets pour s'assurer si le numéro et la somme sont bien les mêmes que sur le livre de caisse, et, les ayant trouvés conformes, il mettra dans la colonne réservée à cet usage : *encaissé*.

Je reviens au livre de caisse.

La petite colonne qui se trouve après le détail des articles reçoit les numéros du Journal où les articles sont portés. Celle qui suit au-dessous du mot *doit* renferme le montant, et la dernière colonne qui fait partie du travail du teneur de livres est remplie par la totalité de chaque article porté au Journal.

Je ne répète pas, dans la colonne où je place la page du Journal, le numéro déjà mis ; je le remplace par des guillemets, et au-dessous du dernier article qui se trouve compris dans celui composé au Journal; pour indiquer que j'ai pris tout ce qui précède, et que mon opération est juste, je fais deux petits traits, ainsi ⹀.

Le caissier balance sa caisse au moins une fois chaque mois, et le teneur de livres porte, dans la dernière colonne, la somme restant en caisse, sans en former d'article au Journal, et son total doit être pareil à celui de la première colonne arrêtée par le caissier.

Cette dernière opération ne se fait par le teneur de livres, que sur le livre de caisse seulement.

Tout ce qui vient d'être dit, par rapport au débit de la caisse, se pratique pour le crédit, qui réclame le même ordre et les mêmes détails.

Trois cas se présentent, lorsqu'on arrête les comptes de caisse ou autres:

Premier cas.

Quand il se trouve que le débit et le crédit ont employé un même nombre de lignes, comme le mois de janvier, alors les traits servant à clore le mois se trouvent tirés au débit et au crédit sur la même ligne.

Deuxième cas.

Lorsque le crédit emploie un plus grand nombre de lignes que le débit, ce qui arrive au mois de février, dans ce cas j'arrête d'abord le crédit, et ensuite, au débit, je tire une ligne au-dessous du dernier article près de la date, que je fais descendre jusque sur la ligne au crayon qui se trouve placée horizontalement avec le trait pratiqué déjà à l'addition du crédit, et je solde ce compte ainsi que je l'ai fait en janvier.

Troisième cas.

Enfin, lorsque le débit dépense une plus grande quantité de lignes que le crédit, comme cela est arrivé au mois de mars, les mêmes moyens employés pour solder le mois de février servent pour le mois de mars; la seule différence qui existe entre eux, c'est que l'un se fait au débit et l'autre au crédit.

Nota. On remarquera que, le 1er mars, pour les 11,716 fr. 46 c. qui restaient en caisse au 29 février, époque de la balance de sortie, je porte dans la colonne réservée pour les numéros du Journal, le n° I précédé d'un B. A cette époque, ayant fait la balance générale, j'ai dû le faire ainsi, pour indiquer que tous les articles qui suivaient étaient portés sur un nouveau Journal.

1. CAISSE. Doit.

1825. Janvier.	1	Reçu montant du bordereau d'Inventaire.	1	8650	50	8650	50
»	4	de Sarleran pour 1/2 de ma facture	2	781	26		
»	»	de Boquet C/. le n° 1 de f. 2000.	»	1966	33		
»	5	de Sylvain C/. le n° 2 de 600 fr.	»	596	67	3344	26
»	7	de Duval pour este des n°s 9, 10 et 11.	3	77	05		
»	»	le n° 7.	»	13	50	90	55
»	11	de Noel C/M/B/ n° 6 au 8 avril.	3	7495	»	7495	»
»	16	des mains Colon pr cte Masson de Ch.	4	1485	»		
»	18	pour vente au comptant.	5	5505	»	6990	»
»	23	de Cousin de Laval 1/3 de ma facture.	6	1528	35		
»	24	de Sinon de Beauvais 1/2 dito.	»	2357	10	3885	45
				30455	76	30455	76
Février.	1	Pour ce qui restait en C/ le 31 janvier.	»	4940	16	4940	16
»	5	Reçu de Sarleran pour solde.	7	705	»		
»	»	de Piat.	»	1500	»	2205	»
»	28	le n° 26	8	6803	15	6803	15
				13948	31	13948	31
Mars.	1	Pour ce qui restait en C/ le 29 février Jal B.	1	11716	46	11716	46
»	2	Reçu le n° 8 échu le 13 février.	2	781	26		
»	»	pour retard de paiement du n° 8.	2	4	»		
»	3	de Bougleux C/ les n°s 9, 17, 22, et 24,et M/ B/ n° 16 qu'il m'a escomptés.	2	18034	50	18819	76
»	6	Reçu de Duval pr solde dema facture à1/3.	3	26750	»	26750	»
»	15	le n° 12.	3	947	50		
»	»	le n° 20.	»	2357	10	3304	60
»	17	le n° 15.	4	3000	»	3000	»
»	25	de Piat pour solde (escompte 5 fr.)	4	35		35	»
				63625	82	63625	82
Avril.	1	Pour ce qui restait en C/ le 31 mars.		35751	59		

Avoir. 1.

Date		Désignation	Fo				
1825. Janvier.	2	Payé le mandat Gilon pour solde. . . .	3	13	30		
»	5	le n° 3.	»	3000	»	3013	30
»	7	pr les nos 9, 10, et 11 que j'ai escomptés.	3	3745	50		
»	10	le n° 2.	»	4000	»	7745	50
»	17	C/ les nos 15, 16 et 17 escomptés. . .	4	5920	»		
»	19	contre mon billet n° 1.	5	7460	»	13380	»
»	25	le n° 4.	6	307	»	307	»
»	26	à Sarval le mandat Benoît d'Uzès. .	6	144	»		
»	27	pour ma patente sous le n° 517. . .	»	350	»		
»	31	pour dépenses de la maison. . . .	»	575	80	1069	80
		reste en caisse.		4940	16	4940	16
				30455	76	30455	76
Février.	4	Prêté à Richard.	7	1000	»	1000	»
»	20	Payé le mandat Sagnel et Cie pour solde.	7	132	20	132	20
»	26	pour un bureau.	7	500	»		
»	29	pour frais de maison.	»	474	25		
»	»	le mémoire du tailleur.	»	125	40	1099	65
»	»	En caisse.		11716	46	11716	46
				13948	31	13948	31
Mars.	2	Payé le mandat Valmont pour solde Jal B.	2	908	»		
»	5	100 tonneaux de vin.	»	24675	»	25583	»
»	6	aux tonneliers pour divers (Mises à 1/3)	2	227	»	227	»
»	15	le n° 5.	4	1300	40		
»	17	lettre de vre à Vidal (pr cte Eripé et Cie)	»	215	40		
»	»	pour déchargement et emmage dito. .	»	21	60	1537	40
»	26	le mandat Benoît d'Uzès pour solde.	4	526	83	526	83
		En caisse.		35751	59	35751	59
				63625	82	63625	82

LIVRE D'ACHATS.

Du Livre d'Achat.

Je porte sur ce livre tous les achats que je fais, de quelque nature qu'ils se présentent. J'y porte aussi les achats faits de compte à demi ou à tiers avec des correspondans, en ayant soin, aux uns et autres, d'indiquer régulièrement les conditions du paiement.

Les marchandises que les correspondans expédient pour vendre pour leur compte, moyennant un ou $1\frac{1}{2}$ pour $\frac{0}{0}$ sur le montant des ventes, n'y figurent pas. Elles sont portées au livre du magasin seulement pour leur donner un numéro d'entrée, et pouvoir le décharger à fur et à mesure que l'on fait des ventes.

J'ai disposé ce livre de la même manière que le Journal. Les chiffres, qui sont placés à gauche en regard de la tête de chaque article, indiquent la page du Journal où ces articles sont portés ; ceux placés dans la première colonne désignent les numéros donnés aux marchandises dès leur entrée au magasin : la première colonne des sommes, à mettre le détail des factures, et la deuxième pour en recevoir le montant total. La troisième colonne est réservée pour y porter le détail de tous les articles qui n'en forment qu'un au Journal ; de manière que si le livre d'achats avait huit articles portés dans cette colonne, le débit du compte au Grand-Livre, intitulé *marchandises générales*, serait composé de huit articles. Par ce moyen, il est facile, si l'on a quelque différence, de vérifier ce compte. On n'a qu'à ôter du total le montant des marchandises qui étaient en magasin lors de l'Inventaire, et le restant doit être la somme totale du livre d'achats.

En agissant ainsi, il est impossible, j'ose le dire, qu'il y ait jamais erreur.

Supposons dix articles au livre d'achats, et que je veuille les faire figurer dans un même article au Journal, je commence par faire l'addition de tous les articles que je dois prendre au livre d'achats pour passer au Journal.

Après avoir mis le titre de cet article, j'y porte le nom de chaque créancier, au-dessous la facture et les conditions de paiement, et dans la deuxième colonne le montant ; lorsque tous les créanciers sont portés, je fais l'addition de l'article, et, s'il est pareil à celui que j'ai déjà porté au livre d'achats, j'acquiers la preuve certaine que mon travail est juste.

Si dans la composition d'un tel article il se trouvait quelque créancier porté deux fois, je réunirais les deux factures en indiquant le montant de chacune d'elles dans la première colonne, et le montant des deux qui doit figurer au crédit de son compte dans la deuxième colonne.

Lorsqu'il arrive, comme à la page première de ce livre, qu'un ou plusieurs articles de la page suivante doivent figurer dans un même article au Journal, cela ne doit point arrêter. On fait d'abord l'addition de tous les articles qui ont été portés au Journal, on en pose le produit au bas de la page; ici cette opération ne sera pas difficile, il n'y en a qu'un seul de 9709 fr. 18 c. Je reporte cette somme à la page 2, puis je fais l'addition des factures Vernet et compagnie, Valmont et encore Vernet et compagnie, et pose le produit 14,507 fr. 10 c. sur la dernière ligne de la facture de Vernet et compagnie, et à la troisième colonne.

La raison qui me fait agir ainsi est facile à saisir. Ne devant prendre les articles que par cinq jours, lorsque l'un des articles qui sont portés dans une page ne fait pas encore partie de ceux qui sont pris pour le Journal, il ne doit pas être compris dans l'addition, sans cela le contrôle que je me réserve deviendrait illusoire.

1.

	3 Janvier 1825.				
2	AVOIR. Benoît d'Uzès, f. 1264 pour 6 tonnes d'huile d'olives fines, suivant sa lettre et facture du 24 décembre dernier à 2 mois.				
11	1 T. pesant ort. 105 kil.				
12	1 T. » 107 250 gr.				
13	1 T. » 110 750				
14	1 T. » 102 800				
15	1 T. » 100 200				
16	1 T. » 99 »				
	625 160] Net 624 k. 840 g			1145	84
	Tare 1/6 du poids 104			118	16
	Va 220 fr. de o/o.				
	Frais de chargement et pour boire.			1264	»

	3				
2	AVOIR. Roussel d'Abbéville, f. 8445 18 pour 30 pièces de toile, valeur à 3 mois.				
17	10 p. créton. tirt. chac. 60 met. 600 met. à 3 f.	1800			
18	20 p. dito. dito. 80 1600 met. à 4 f.	6400			
	Cylindre, 2200 mètres à 1 fr. le o/o.	22			
	Emballage, façon et port à la voiture.	17	20		
	Commission de 2 1/2 pour o/o.	205	98	8445 18	9709 18

	12				
4	REÇU de Vernet et compagnie, de Bordeaux, les marchandises ci-après désignées, qu'ils m'ont expédiées par le navire *la Sophie*, capitaine Gilbert, suivant leur lettre et facture du premier courant pour payer à 6 mois.				
	SAVOIR :				
19	30 barils arsenic, pes. chac. 150 k. ens. 4500 k. à 100 f. le o/o.		4500		
20	20 pièces Thérébentine de Bordeaux, à 60 fr.		1200		
21	10 barils galipot, pes. chac. 91 k. ens. 910 kil. à 35 fr. le o/o.		318	50	
			6018	50	
	FRAIS :				
	Commission, 2 pour o/o.	120 36			
	Courtage, 1/2 pour o/o.	30 09			
	Barrage des pièces.	60 »			
	Port au navire et pour boire.	27 »	237 45	6255 95	

	A reporter. . . .				9709 18

2.

Fol.	N°		fr	c	fr	c	fr	c
							9709	18
		———————— 15 Janvier 1825. ————————						
4		FACTURE Valmont, de Bernay, incluse dans sa lettre du 10 courant, pour régler valeur fin courant.						
	22	10 pièces de toile 2/3 écrue, tirant chaque 80 ens. 800 mètres, à 3 fr.	2400	»				
	23	5 pièces de toile 3/4, tirant chaque 82 mèt. ensem. 410 mètres, à 3 fr. 25 c. . .	1332	50				
		Emballage, façon et port à la voiture. .	3	85	3736	35		
		———————— 15 ————————						
4		AVOIR. Vernet et compagnie, de Bordeaux, pour les marchandises ci-après détaillées, prises chez Albert, où elles étaient en dépôt, pour leur payer à 6 mois du 1ᵉʳ courant.						
	24	50 pièces thérébentine, à 65 fr. . . .	3250	»				
	25	40 barils galipot, pesant chaque 93 kil. ensemble, 3720 kil. à 34 fr. le 0/0. . .	1264	80	4514	80	14507	10
		———————— 4 février. ————————						
6		REÇU de Barat, de Saint-Florentin, les vins ci-après marqués et numérotés comme en marge. Lesquels il m'a expédiés de mes ordres et pour mon compte par Jacquinot, marinier, suivant sa lettre et facture du 25 janvier dernier pour payer par 1/3 en mes acceptations de mes traites à 3, 4, et 5 mois.						
B. V. N° 3.		SAVOIR :						
	26	20 pièces vin de Bourgogne, 1ʳᵉ qual. à 160 fr.	3200	»				
	27	27 dito dito 2ᵉ qual. à 110 fr.	2070	»				
	28	40 dito dito 3ᵉ qual. à 85 fr.	3400	»				
	29	10 dito blanc Chably 2ᵉ qual. à 100 fr.	1000	»				
		Pour épingles des 20 pièces 10 fr., des 27 p. 13 fr., des 40 p. 20 fr., des 10 p. 5 fr. ,	48	»				
		Barrage des 97 pièces, à 50 c. chaque. . .	48	50				
		Frais de transport au bateau et charg. 1 f. 80 c.	174	60				
		p. comis. de 4 p. 0/0 S/ 10570 mont. de l'achat.	422	80	11265	90		
		———————— 5 ————————						
6		AVOIR. Sarleran, de Paris, pour montant de sa facture.						
	30	50 bouteilles vin de Madère sec, à 3 fr. 50 c.	175	»				
	31	100 dito de Frontignan, à 2 »	200	»				
	32	150 dito de Champ. mouss. à 2 25 c.	337	50				
	33	200 dito d'Alicante, à 4 »	800	»	1512	50	12776	40
		A reporter. . . .					56992	68

3.

N°	Désignation			
	———— 7 Février 1825. ————			36992	61
7	AVOIR Sagnel et compagnie, de Carpentras :			
	Un baril huile d'aspic,			
34	brt. 73 kilog. tare. 18 500 } 54. 5o . à . 2 f. 5o	136	25	
	Remise.	4	o5	132	2o
		BALANCÉ : 1er mars.		37124	88
	———— 5 Mars. ————			
2	Facture à seize tonneaux, vin de Cahors 1823, chargés d'ordre, pour compte et risques de Grandon et compagnie, de Paris, sur le navire le Serpent, capitaine Gemin, allant à Rouen, connaissement à o/ payable à 6 mois.			
35	N° 20. — 14 tonneaux, vin de Cahors 1823, vinés d'une velte d'eau-de-vie par barrique, rendus à bord, à 240 f.	336o	»	
36	N° 21. — 2 tonneaux, vin de Cahors 1823, inférieur, vinés d'une velte d'eau-de-vie par barrique, rendu à bord, 220 fr.	44o	»	38oo	»
	Sauf erreur ou omission.			
	Signé Vernet et compagnie.			
	Bordeaux, 28 février 1825.			
	———— 5. ————			
2	Acheté comptant et de compte à tiers avec Sarlerand de Paris, et Benoît d'Uzès :			
37	5o tonneaux vin de Cahors 1821, 25o f.	12500	»	
38	5o dito — 1821, inf 23o	11500	»	
	Frais de conduite à la cave.	675	»	24675	»
	———— 16. ————			
3	AVOIR Vernet et compagnie, de Bordeaux, suivant leur facture ci-après détaillée, incluse dans leur lettre du 11 courant, pour payer à 6 m. Savoir :			
39	20 tonneaux vin ordinaire 1822, 23o f.	46oo	»	
4o	10 — dito fin dito 280	28oo	»	
41	3o pièces thérébentine 66	198o	»	938o	»

LIVRE DU MAGASIN.

Du Livre de Magasin.

En tête de ce livre, sur la page à gauche, on écrit : *Entrée des marchandises en magasin.*

La première colonne sert à mettre la date d'entrée, la deuxième le numéro d'ordre, la troisième donne la nature et la qualité des marchandises, la quatrième le prix coûtant; il est nécessaire d'indiquer si c'est avec ou sans frais. Quelques commerçans font usage d'un mot composé de dix lettres différentes représentant les signes 1, 2, 3, 4, 5, 6, 7, 8, 9, 0, qu'ils appellent leur marque, et mettent sur ce livre le prix en lettres, afin de dérouter les curieux. La cinquième colonne représente la quantité comprise dans chaque numéro.

On peut éatblir une colonne de plus pour désigner la personne qui vend les marchandises.

En tête de la page à droite on écrit : *Sortie des marchandises.*

Si la quantité des marchandises comprises dans un même numéro est vendue en une seule fois, on mettra la date de la vente dans la première colonne à gauche, et la quantité dans la quatrième colonne qui sert à indiquer qu'il ne reste plus rien à vendre de ce numéro.

Lorsque les ventes se feront partiellement elles seront portées dans la troisième colonne, en écrivant seulement (voyez le nᵒ 1 de ce livre) : le 4 janvier 5 pièces, le 7 janvier 10 pièces, le 8 janvier 10 pièces; et dès que l'on voit que la quantité totale est vendue, on a soin de l'indiquer, comme je viens de le dire plus haut, dans la quatrième colonne, et de porter dans la première colonne la date de la dernière vente faite.

A la sortie des marchandises, les dates ne se trouvent pas par ordre, et cela se conçoit sans peine. On peut vendre les marchandises qui font partie du numéros 5 avant d'en avoir vendu aucune partie des numéros précédens, et c'en est assez pour intervertir l'ordre.

La deuxième colonne sert à répéter les numéros d'ordre. Ces numéros facilitent lorsqu'on écrit les ventes partielles sur ce livre, parce que, si l'œil est forcé de parcourir un espace trop long, il peut errer facilement, tandis qu'en écrivant à côté d'un numéro, on est moins sujet à se tromper. Au reste, les personnes qui trouveront cette répétition inutile, pourront la supprimer sans que cela tire à conséquence.

La cinquième colonne ne sert qu'à l'époque de l'Inventaire pour indiquer les marchandises qui sont en magasin, et donner plus de facilité pour en faire l'état.

Dans le cas où, à l'époque de l'Inventaire, on ne voudrait pas donner de nouveaux numéros aux marchandises restant en magasin, on n'en porterait pas moins le reste dans la colonne que je viens d'indiquer, mais seulement au crayon. Pourtant je trouve plus convenable, lorsque l'on fait l'Inventaire, de donner de nouveaux numéros aux marchandises, à moins que le détail n'en soit trop considérable.

Nota. Les numéros 27, 28, 29 et autres ont été épuisés par plusieurs ventes faites le même jour, que j'ai portées en deux, trois et quatre fois, parce que je suppose que ces ventes n'ont pas été faites au même moment, et qu'il ne faut pas, de crainte d'oublier quelques articles, laisser cumuler les ventes sans en passer écritures.

Entrée des marchandises en magasin.

DATES DE L'ENTRÉE.	Nos	NATURE ET QUALITÉS DES MARCHANDISES.	PRIX SANS FRAIS.	QUANTITÉS TOTALES.
1825. Janvier 1.	1	Vin de Bourgogne, première qualité.	200 fr.	25 p.
	2	Vin d'Orléans, deuxième qualité. . .	90	10 p.
	3	Vin de Champagne mousseux. . . .	2	300 b.
	4	Foulards 3/4, bon teint.	30	12 p.
	5	Bas de soie.	80	10 dz.
	6	Drap bleu, 15 pièces, tirant ch. 30 mèt.	50	450 mèt.
	7	Drap noir 4/4, 10 p., tirant 24 mètres.	60	240 mèt.
	8	Drap vert 4/4, 2 p. à 20 mèt. 50 cent.	30	41 mèt.
	9	Sucre, 500 pains.	2 50	2500 kilo.
	10	Café Bourbon.	2 40	200 kilo.
3	11	1 Tonne huille d'olives.	220 f. o/o	105 kilo.
	12	1 dito dito.	»	107 k. 25
	13	1 dito dito.	»	110 k. 75
	14	1 dito dito.	»	102 k. 80
	15	1 dito dito.	»	100 k. 20
	16	1 dito dito.	»	99 kil.
	17	Toile cretonne, 600 mètres. . . .	3	10 p.
	18	Toile dito 1600 mètres. . . .	4	20 p.
	19	30 barils arsenic, pesant ch. 150 kilog.	100 f. o/o	30 b.

Sortie des marchandises. 2.

DATES DES VENTES TOTALES.	Nos	DATES ET QUANTITÉS VENDUES PARTIELLEMENT.	QUANTITÉS TOTALES.	EN MAGASIN AL'INVENT.
1825. Janvier 8.	1	4 janvier 5 p. 7 janv. 10 p. 8 janv. 10 p.	25	
Janvier 25.	2	4 janv. 1 p. 25 janv. 9 p.	10	
Janvier 8.	3	4 janv. 50 bouteilles. 8 janv. 250 bout.	300	
25	4	4 janv. 2 p. 25 janv. 10 p.	12	
	5	4 janv. 5 douz. 25 janv. 5 douz. . . .	10	
Février 29.	6	7 janv. 5 p. 25 janv. 5 p. 29 fév. 5 p. .	450	
Janvier 9.	7	Vendu.	240 mèt.	
7	8	Vendu.	41 mèt.	
25	9	4 j. 10 p. p^t 50 k. 25 j. 490 p. p^t 2450 k.	2500	
	10	4 janv. 20 kilog. 25 janv. 180. . . .	200	
Janvier 3.	11	Vendu.	105 kil.	
	12	Vendu.	107 k. 25	
	13	Vendu.	110 k. 75	
	14	Vendu.	102 k. 80	
	15	Vendu.	100 k. 20	
	16	Vendu.	99 kil.	
18	17	5 janv. 3 p. 8 janv. 3 p. 18 janv. 4 p. .	10 p.	
25	18	5 janv. 10 p. 8 janv. 1 p. 25 janv. 9 p. .	20 p.	
18	19	Vendu.	30 b.	

3. Entrée des marchandises.

1825.					
Janvier 12	20	Thérébentine de Bordeaux.	60 f.		20 p.
	21	Galipot, pesant chaque baril 91 kilog.	35 o/o		10 b.
15	22	Toile 2/3 écrue , tirant chaque 80 mèt.	3		10 p.
	23	Toile 3/4 dito dito 82 mèt.	3	25	5 p.
	24	Thérébentine de Bordeaux.	65 o/o		50 p.
	25	Galipot, pesant chaque b. 93 kil.	34 o/o		40 b.
Février 4	26	Vin de Bourgogne , première qualité.	160		20 p.
	27	dito dito deuxième qualité.	110		27 p.
	28	dito dito troisième qualité.	85		40 p.
	29	dito blanc Chablis, deuxième qualité.	100		10 p.
5	30	Madère sec.	3	50	50 b.
	31	Frontignan.	2		100 b.
	32	Champagne mousseux.	2	25	150 b.
	33	Madère.	4		200 b.
7	34	Huile d'aspic, pesant net 54 kilog. 50.	2	50	1 b.
Mars 5	35	Vin de Cahors 1823.	240		14 t.
	36	dito dito dito inférieur.	220		2 t.
	37	dito dito 1821.	250		50 t.
	38	dito dito 1821.	230		50 t.
16	39	dito dito 1822.	230		20 t.

Sortie des marchandises.   4.

1825. Mars 24.	20	29 février 10 pièces, 24 mars 10 pièces.	20	
	21			
	22			
	23			
Janvier 23.	24	Vendu	50	
	25	Vendu	40	
Février 29.	26	28 février 4 pièces , 29 février 16 pièc.	20	
	27	28 févr. 7 p. 28 févr. 10 p. 29 fév. 10 p.	27	
27.	28	27 fév. 10 p. plus 10 p. pl. 10 p. plus 10.	40	
	29	27 fév. 3 p. plus 3 p. plus 3 p. plus 1.	10	
29.	30	28 février 10 b. 29 févr. 40 b. . . .	50	
27.	31	27 fév. 25 b. 27 fév. 25 b. pl. 25 b. pl. 25.	100	
29.	32	28 fév. 13 b. 29 fév. 137 b.	150	
	33	29 février 100 b. 29 févr. 100 b. . . .	200	
28.	34	Vendu	1	
Mars 24.	35	6 mars 10 tonnes , 24 mars 4 tonnes. .	14 t.	
6.	36	Vendu	2 t.	
	37	Vendu	50 t.	
	38	Vendu	50 t.	
	39	18 mars 10 tonnes		

5. Entrée des marchandises.

1825. Mars 16		40	Vin de Cahors 1822.	280 fr.	10 t.
		41	Thérébentine de Bordeaux.	66	30 p.
E. et comp. 17.		42	Sucre, 80 pains, pesant ens. 850 k. 400 g.	2 50	1 t.
		43	Dito 82 p. pesant ens. 867 k. 500 gr.		1 t.
		44	Dito. 77 p. pesant ens. 812 kil. 400 gr.		1 t.
		45	Dito. 79 p. pesant ens. 827. . . .		1 t.
		46	Dito. 78 p. pesant ens. 817 k. 500 gr.		1 t.
		47	Dito. 81 p. pesant ens. 857 kil. 200 gr.		1 t.
		48	Huile d'olives fines, pesant 107 kil. .	3 60	1 t.
		49	Dito . . . dito . . . 108 k, 500 g.		1 t.
		50	Dito . . . dito . . . 109 . . .		1 t.
		51	Dito . . . dito . . . 108 k. 500 g.		1 t.
		52	Dito . . . communes, 110 kil. . . .	3	1 t.
		53	Dito . . . dito . . . 109 kil. . .		1 t.
		54	Dito . . . dito. . . 107. kil. . .		1 t.
		55	Dito . . . dito . . . 108. kil. . .		1 t.
		56	Cassonnade bise, . . 467 kil. . .	1 80	1 c/.
		57	Dito . . . dito . . . 418 kil. . .	1 80	1 c/.
		58	Dito . . . dito. . . 474 kil. . .	1 80	1 c/.
		59	Miel de Narbonne, . . . 49 kil. . .	3	1 b/.

Sortie des marchandises. 6.

	40			
1825. Mars 25.	41	25 mars 22 pièces , 25 mars 8 pièces. .	3o	
18.	42	Vendu	1 t.	
	43	Vendu	1 t.	
	44	Vendu	1 t.	
	45	Vendu	1 t.	
	46	Vendu	1 t.	
	47	Vendu	1 t.	
22.	48	Vendu	1 t.	
	49	Vendu	1 t.	
	5o	Vendu	1 t.	
	51	Vendu	1 t.	
	52	Vendu	1 t.	
	53	Vendu	1 t.	
	54	Vendu	1 t.	
	55	Vendu	1 t.	
	56	Vendu	1 c/.	
	57	Vendu	1 c/.	
	58	Vendu	1 c'.	
20.	59	Vendu	1 b/.	

7.   Entrée des marchandises.

1825. Mars 17.	60	Miel de Narbonne, 51 kilog.	3 f.	1 b.

Sortie des marchandises.   8.

| 1825. Mars 20. | 6o | Vendu . . . . | 1 b'. | |

Du livre de Ventes.

les ventes qu'un commerçant fait, soit pour son compte, soit
pour compte d'autrui, doivent figurer dans ce livre. Chaque article porte
en date, le nom de la personne à qui l'on vend, la fin de vente blanche, le
[illegible] par [illegible], précisent, les quantités et qualités des [illegible]
[illegible] leur prix, et enfin le montant total de l'article.

[illegible] marchandises sont vendues pour compte d'autrui, les noms
[illegible] propriétaires et les conditions auxquelles a [illegible] vendues pour eux,
[illegible] l'indier [illegible] leur [illegible] article, en [illegible] chez [illegible] qui vient d'être en plus

[illegible] figurer ce livre, ainsi que celui d[illegible] livre les différens plac[illegible]
[illegible] représentent les pages du Journal où ses articles ont été déjà port[illegible]
[illegible] plaira dire la [illegible] reportées les sommes des marchandises. La
[illegible] colonne [illegible] marchandises, la
[illegible] pour le montant, et la [illegible] pour les articles du grand
[illegible] que j'ai déjà dit au livre d'achats. (Voyez ce livre.)

LIVRE DE VENTES.

[illegible]

Du livre de Ventes.

Toutes les ventes qu'un commerçant fait, soit pour son compte, soit pour compte d'autrui, doivent figurer dans ce livre. Chaque article porte la date, le nom de la personne à qui l'on vend, le lieu de sa résidence, le terme accordé pour le paiement, les quantités et qualités des marchandises, leur prix, et enfin le montant total de l'article.

Lorsque les marchandises sont vendues pour compte d'autrui, les noms des propriétaires et les conditions auxquelles nous les vendons pour eux, sont relatés dans le même article, en outre de ce qui vient d'être dit plus haut.

J'ai disposé ce livre, ainsi que celui d'achats : les chiffres placés en marge représentent les pages du Journal où ces articles ont été portés; ceux placés dans la petite colonne, les numéros des marchandises. La première colonne des sommes est réservée pour le détail des factures, la seconde pour le montant, et la troisième pour les articles du Journal, ainsi que je l'ai déjà dit au livre d'achats. (Voyez ce livre.)

L'article du 27 février porté à la seconde page de ce livre, les huit articles qui suivent à la page 3, et celui du 29 février porté à la quatrième page, ne forment qu'un seul article au Journal s'élevant à 23,563 fr. 95 c. Je n'ai pas jugé nécessaire de faire le total des huit articles de la troisième page, et de le poser au bas; je me suis contenté d'y porter la somme de 64,279 fr. 22 c., montant des articles passés au Journal.

Le 6 mars, j'ai vendu comptant à Rolland de Paris, du vin pour mon compte, et des vins de compte à $\frac{1}{3}$ avec Sarlerand de Paris et Benoît d'Uzès; on remarquera que je n'ai porté dans la troisième colonne des sommes destinées à recevoir les articles du Journal, que ceux que j'ai vendus pour mon compte, le produit des autres devant passer au compte intitulé : *marchandises de compte à tiers avec Sarlerand de Paris et Benoît d'Uzès.*

J'ai suivi la même marche le 18 mars pour Sarlerand de Paris et Benoît d'Uzès, et le 22 du même mois pour l'Anglois d'Elbeuf, en leur vendant pour compte d'Éripé et compagnie.

J'agis ainsi parce que les marchandises que nous vendons de compte à demi ou à tiers, ou bien par commission, ne devant nullement figurer avec nos marchandises, je me conserve par ce moyen un contrôle pour les ventes portées au crédit du compte de marchandises générales que j'arrête tous les mois.

F°	N°	Désignation	Partiel		Sommes		Total	
		2 Janvier 1825.						
2		VENDU à Simon de Beauvais, pour payer à 6 mois :						
	4	2 pièces foulards 3/4. . . . à 35 fr.	70	»				
	5	5 douzaines bas de soie. . . à 100	500	»				
	9	10 pains de sucre, pes. ens. 50 k. à 2 60 c.	130	»				
	10	20 kilo. café Bourbon. . . à 2 50	50	»	750	»		
		3						
2		DOIT Sarlerand, de Paris, pour payer moitié comptant et moitié en son billet à 40 jours, les 6 tonnes d'huile d'olives fine, ci-après désignées :						
	11	1 T. pesant ort. 105 kil.						
	12	1 T. » » 107 25 gr.						
	13	1 T. » » 110 75						
	14	1 T. » » 102 80						
	15	1 T. » » 100 20						
	16	1 T. » 99 »						
		625 »						
		Tare 1/6 du poids 104 16 } Net 520 k. 84 g.						
		à 3 fr. le kilo.			1562	52		
		4						
2		VENDU et expédié à Cousin, de Laval, les vins ci-après, pour payer à 3 mois :						
	1	5 pièces vin de Bourgogne, 1re qual. à 250 fr.	1250	»				
	2	1 dito Orléans, 2e qual.	110	»				
	3	50 bouteilles de Champagne mouss. à 2 f. 50 c.	125	»	1485	»		
		5						
2		DOIT. Masson, de Cherbourg, f. 4720 pour payer à 2 mois :						
	17	3 p. toile crét. tirt. chac. 60 met. 180 m. à 4 f.	720					
	18	10 p. dito dito. 80. 800 met. à 5 f.	4000		4720	»	8517	52
		7						
3		VENDU à Sarlerand de Paris, pour payer à 3 mois :						
	1	10 pièces vin Bourgogne, 1re qual. à 260 fr.	2600					
	6	5 p. drap bleu tirt. 30 mèt. ens. 150 m. à 60 fr.	900					
	8	2 dito vert, tirt. 20 mèt. 50 c. ens. 41, à 35 fr.	717	50	4217	50		
		8						
3		DOIT Benoît d'Uzès, payable à 2 mois :						
	17	3 pièces toile crét. 60 mèt. ens. 180 mèt. à 4 f.	720					
	18	1 dito dito dito 80 mèt. à 5 f.	400		1120	»		
		A reporter. . . .					8517	52

2.

		8 Janvier 1825.						
		Report des articles portés au Journal.					8517	52
3		VENDU à Roussel, d'Abbeville, pour payer à 3 mois :						
	1	10 pièces vin Bourgogne, 1re qualité, à 255 f.	2550	»				
	3	250 bouteilles vin de Champagne m/ à 3 f.	750	»	3300	»		
		9						
3		DOIT Gaudinot, d'Orléans :						
	7	10 p. drap noir, tirant ch. 24 m., ens. 240 m. à 70 f.			16800	»	25437	50
		18						
5		REÇU de divers pour vente au comptant :						
	19	30 barils arsenic, pesant ens. 4500 kil. à 105 f. 0/0	4725	»				
	17	4 pièces toile cret. tir. ch. 60 m. ens. 240 m. 3 f. 25	780	»			5505	»
		22						
5		VENDU à Cousin, de Laval, pour payer un tiers comptant, et deux tiers à un et deux mois les objets ci-après :						
	2	9 pièces vin d'Orléans, deuxième qual. à 105 f.	945	»				
	4	10 dito foulards 3 4 à 40 f.	400	»				
	18	9 dito toile cret., tir. ch. 80 m. ens. 720 m. à 4 f. 50	3240	»	4585	»		
		23						
5		DOIT Simon, de Beauvais, pour payer 1/2 comptant, et l'autre 1/2 en son billet au 15 mars :						
	24	50 pièces thérébentine, à 67 f. 50 c.	3375	»				
	25	40 barils galipot, pes. ch. 93 k. ens. 3720 m. 36 0/0	1339	20	4714	20		
		24						
5		VENDU à Masson, de Cherbourg, pour payer à un mois en son billet à m/o/ au 15 du prochain :						
	9	490 pains de sucre pes. ens. 2450 kilog. à 2 f. 60	6370	»				
	10	180 kilog. café Bourbon, à 2 f. 50	450	»	6820	»		
		25						
5		DOIT Cousin, de Laval, pour payer en son billet au 25 avril prochain :						
	5	5 douzaines bas de soie à 90 f.	450	»				
	6	5 pièces drap bleu, tir. ch. 30 m. ens. 150 à 55 f.	8250	»	8700	»	24819	20
		27 Février.						
8		VENDU au suivant : A Simon, de Beauvais, payable à 3 mois,			Janv.		64279	22
	28	10 pièces vin de Bourgogne, 3e qual. à 100 f.	1000	»				
	29	3 dito dito Chablis bl. 2e qual. à 120 f.	360	»				
	31	25 bouteilles Frontignan, à 2 f. 50	62	50	1422	50		

3.

		27 février 1825.				
		Report. . . .			1422	50	64279	22
8		VENDU aux suivans :				
		A Masson, de Cherbourg, à 5 mois,				
	28	10 pièces vin Bourgog., 3ᵉ qual. à 102 fr. .	1020	»		
	29	3 dito Chably, B. 2ᵉ qual. à 122 . .	366	»		
	31	25 bouteilles de Frontignan, à 2 5o c.	62	5o	1448	5o
8		A Cousin, de Laval, payable à 3 mois :				
	28	10 pièces vin de Bourgogne, 3ᵉ qual. à 100 fr.	1000	»		
	29	3 dito Chably blanc ; 2ᵉ qual. à 120	360	»		
	31	25 bouteilles de Frontignan. à 2 5o.	62	5o	1422	5o
8		A Langlois d'Elbeuf :				
	28	10 pièces de vin de Bourg. 3ᵉ qual. à 100 fr.	1000	»		
	29	1 dito Chably blanc, 2ᵉ qual. . .	120	»		
	31	25 bouteilles Frontignan, à 2 fr. 5o c. . .	62	5o	1182	5o
		28				
8		VENDU à Roussel, d'Abbeville :				
	26	4 pièces vin de Bourgogne 1ʳᵉ qual. à 200 fr.	800	»		
	27	7 dito dito 2ᵉ qual. à 13o	910	»		
	3o	10 bouteilles Madère sec, à 4	40	»		
	32	13 dito Champagne mousseux à 2 5o	32	5o		
		Conditionnement des pièces.	1	95	1784	45
		28				
8		VENDU à Vernet et compagnie, de Bordeaux :				
	34	1 baril d'huile d'aspic.				
		Ort. 73 kil. ⎫ Net 54 kil. 5o g. à 2 f. 75	149	90		
		Tare 18 kil. 5o g. ⎭				
		Conditionnement du baril.	1	10	151	»
		28				
8		DOIT Valmont de Bernay :				
	27	10 pièces de vin de Bourgogne 2ᵉ qual. à 13o f.			1300	»
		29				
8		DOIT Masson de Cherbourg :				
	26	16 pièces vin de Bourgogne 1ʳᵉ qual. à 200 fr.	3200	»		
	27	10 dito dito 2ᵉ qual. à 135	135o	»		
	3o	40 bouteilles Madère sec. . . . à 4	160	»		
	33	100 dito d'Alicante. . . à 4 5o	450	»	5160	»
		29				
8		VENDU à Langlois, d'Elbeuf, à 4 mois :				
	32	137 bouteilles Champagne mousseux, à 2 f. 5o c.	342	5o		
	33	100 dito Alicante. . . . à 4 f. 5o c.	450	»	792	5o
					64279	22

4.

No du Jal.	No	Désignation					R.
		29 Février 1825.					R. 64279 22
8	6	VENDU à Simon, de Beauvais, à 2 mois :					
		5 p. drap bleu, tir. ch. 30 m. ens. 150 m. à 55 f.	8250	»			
	20	10 pièces thérébentine de Bordeaux, à 65 f.	650	»	8900	»	23563 95
		Montant des ventes en janvier et février.					87843 17
		6 Mars.					
3	35	VENDU comptant à Duval, de Paris :					
		10 tonneaux vin de Cahors 1823, à 260 f.	2600	»			
	36	2 dito dito dito inférieur, à 235 f.	470	»			3070 »
		Marchandises à 1/3 avec Sarlerand, de Paris,					
		et Benoît, d'Uzès :					
	37	50 tonneaux vin de Cahors 1821, à 275 f.	13750	»			
	38	50 dito dito dito à 260 f.	13000	»	26750	»	
		18.					
3		VENDU aux suivans, pour régler à 2 m/.					
		à Sarlerand, de Paris :					
		Pour mon compte,					
	39	10 tonneaux vin de Bordeaux 1822, à 250 f.	2500	»			2500 »
		Pour compte Eripé et compagnie,					
	42	80 pains de sucre, pes. ens. 850 k. 400 g. à 265			2253 56		
3		A Benoît, d'Uzès, pour compte Eripé et comp.					
	43	82 pains sucre pesant 867 kilog. 50.					
	44	77 dito dito 812 40.					
	45	79 dito dito 827 »					
	46	78 dito dito 817 50.					
	47	81 dito dito 857 20.					
		4181 60 à 2 f. 70	11290	32			
		2 barils, miel de Narbonne :					
	59	1 baril pes. ort. 49 kilog.					
	60	1 dito dito 51					
		Tare 10 p. o/o. {100 / 10} Net 90 kil. à 3 f. 20	288	»	11578 32		
		Montant des marchandises Eripé et comp.			13831 88		
		A reporter. . .					5570 »

5.

22 mars 1825.   R^t 5570

4		VENDU à Langlois, d'Elbeuf, pour payer en ses billets à 1 et 2 mois, les marchandises ci-après désignées pour compte et à 1/2 de bénéfice net avec Eripé et compagnie, de Rouen :					
		8 tonnes huile d'olives :					
	48	1 t. huile d'olives fine, pest. 107 k.					
	49	1 dito dito 108 50 g.					
	50	1 dito dito 109 »					
	51	1 dito dito 108 50					
		Tare 6 p. o/o. . . . 433 / 26 } Net 407 k à 4 f.	1628	»			
	52	1 t. huile d'olives commune 110 kil.					
	53	1 dito dito 109					
	54	1 dito dito 107					
	55	1 dito dito 108					
		Tare 6 p. o/o. . . . 434 / 26 } Net 408 à 3 50	1428	»			
		3 caisses cassonnade bise.					
	56	1 c/ cassonn. bise, pest. 467 kil.					
	57	1 dito dito 418					
	58	1 dito dito 474					
		Tare 7 p. o/o. 1359 / 95 } Net 1264 à 2 10.	2654	40	5710	40	
		24					
4	20	VENDU à Desmoulins, pour payer à 3 mois : 10 pièces Thérébentine de Bordeaux, à 65 fr.	1650	»			
	35	4 pièces de vin de Cahors 1823, à 250 fr.	1000	»	650	»	
		25					
4	41	VENDU à Piat : 22 pièces thérébentine de Bordeaux, à 70 fr.			1540	»	
		25					
4	41	VENDU à Vincent : 8 pièces thérébentine de Bordeaux, à 70 fr.			560	»	3750	»
		Mois de mars. . .					9320

LIVRE D'EFFETS A RECEVOIR.

6.

Du livre d'effets à recevoir.

Le livre d'effets à recevoir fait partie de ceux qui doivent être foliotés, quoique les sommes ne soient pas portées au débit et au crédit comme aux autres livres.

Sur la page à gauche on écrit : *entrée des effets en portefeuille*, et sur celle de la droite : *sortie des effets*.

Voici ce que je crois nécessaire de faire avant de serrer les effets en portefeuille :

Lors de la réception des effets, avant de leur donner le numéro d'ordre (et ce numéro est toujours celui qui suit immédiatement après le dernier inscrit), je mets au commencement de la ligne l'année, le mois et le quantième; ensuite je donne avec détail, le nom des personnes qui sont intéressées dans le corps de l'effet jusqu'à celle qui l'a passé à mon ordre, qui se trouve naturellement être toujours la dernière. Ce sera celle là que je créditerai, à moins que ce soit un effet que j'aie escompté.

J'ai pratiqué à la suite une colonne pour y mettre les dates de la souscription des effets; ensuite, passant à la page à droite, la première colonne désigne les lieux où les effets seront payés; celle qui suit, leur échéance; et après, celle qui renferme les numéros des effets.

La petite colonne qui renferme des chiffres, des guillemets et des traits faits ainsi $=$ est réservée pour y placer la page du Journal où les effets ont été portés.

Le montant des effets est placé dans la colonne suivante, et la dernière contient le montant des effets portés en un même article au Journal.

A la fin de chaque mois j'arrête cette dernière colonne pour la comparer avec le débit arrêté au Grand-Livre au compte d'*effets à recevoir;* si elle est conforme, nul doute que les opérations du mois ne soient régulières pour tout ce qui regarde ce compte.

Sortie des effets.

Pour la sortie des effets je n'ai conservé que deux colonnes : l'une pour mettre la date de la sortie, et l'autre pour désigner l'usage que j'en ai fait. Si je les ai reçus moi-même, je mets ce mot seulement après la date, *encaissé*; si je les passe à un correspondant, je l'indique en disant: *passé* ordre *d'un tel, ou remis à un tel, valeur en compte ou en marchandises*; et si je les négocie, je dis: *négocié à un tel, valeur reçue comptant.*

Je regarde comme très-urgent que le teneur de livres seul se charge de faire tout ce qui est relatif à la sortie des effets; c'est un point de contrôle pour lui.

Lorsque les mutations du portefeuille sont fréquentes, j'estime nécessaire de reporter à la suite du dernier numéro des effets à recevoir, tous ceux qui font partie de la balance, soit en leur donnant de nouveaux numéros, soit en rappelant par ordre ceux qu'ils ont déjà. Dans ce cas, on met dans la colonne qui sert à indiquer que l'effet a été encaissé, ou passé à ordre, les mots suivans : *porté à la balance le 29 février*, etc.; par ce travail, qui est prompt et facile à faire, on coule à fond, si je puis m'exprimer ainsi, tout ce qui est antérieur à une balance.

1. Entrée des effets en portefeuille.

1825. Janvier 1	Billet Lottin à m/ o/	15 nov.
»	Billet Chérel o/ Blanc, et à moi.	10 déc.
»	Traite Gaspard o/ Simon et à moi s/ Pinson. . .	5 d°
3	Traite Cavaillat s/ Laval o/ Coste, à Simon et à moi.	20 d°
»	Billet Simon à m/ o/	3 d°
4	Billet Masson à m/ o/	» »
5	Mandat Cousin de Laval, s/ Julien à m/ o/	2 janv.
6	Billet Sarlerand à m/ o/.	4 d°
7	Traite Tétard s/ Cauuel et Cie, o/ Duval à qui je l'ai est^{ée}	3 d°
»	B/ Loban o/ Michel à Duval, idem.	5 d°
»	B/ Guillet o/ Duval, idem.	6 d°
16	B/ Gaspard o/ Robert à Masson et à moi. . .	2 d°
»	B/ Gille o/ Granger à Masson et à moi. . .	29 déc.
»	B/ Masson à m/ o/	» d°
17	Traite Fremin o/ Coulon s/ Robert, est^{ée} à Vidal et c^{ie}	15 d°
»	Mandat Tirard à s/ o/ s/ Gillet idem idem.	17 d°
»	B/ Rabot o/ Paul idem idem.	16 d°
23	B/ Cousin à m/ o/	22 d°
»	Autre dudit à m/ o/	» »
24	Billet Simon à m/ o/	23 d°
25	B/ Masson à m/ o/	24 d°
»	B/ Cousin à m. o/	» »
»	Traite Allard s/ Coulon o/ Duflos à Simon et à moi. . .	3 d°
Février 5	B/ Sarlerand à m/ o/.	4 févr.
»	B/ Desmoulins à m/ o/.	3 d°
26	Traite Noel de Cherbourg, s/ Gambier à m/ o/	18 d°
1825. Mars 6	Billet Duval à m/ o/.	6 dito.
26	B/ Simon à m/ o/.	13 mars.
»	Traite Robert s/ Blin, o/ Vial et comp. à Simon et à moi.	12 dito.
»	Billet Simon à m/ o/.	17 dito.
27	Billet Langlois à m/ o/.	» dito.
»	Autre dudit à m/ o/.	» dito.
»	Autre dudit à m/ o/.	» dito.
28	Billet Sarlerand. à m/ o/.	27 dito.
»	Traite Lafond sur Duval, o/ Jean à Benoît et à moi.	1 dito.
»	Billet Benoît d'Uzès à m/ o/.	15 dito.
29	Mand. Fréval s/ Grécourt o/. Gaudinot et à moi.	» dito.
»	Billet Gaudinot à m/ o/.	» dito.

Sortie des effets.   1.

		No.						
Paris,	15 mars.	1	I	2000	»			4 janv.	Passé o/. Bosquet , v. ct.
Dito	15 févr.	2	»	600	»			» »	Dito o/. Silvain , v. ct.
Nantes,	10 mars.	3	»	1500	»	4100	»	5 janv.	Dito o/. Gaudinot , v. en cte.
Elbeuf,	15 avril.	4	I	273	60			» »	Dito o/. Langlois , v. en cte.
Beauvais,	» »	5	»	200	»			» »	Dito. dito dito.
Cherbourg,	» mars.	6	»	501	o5			» »	Dito dito dito.
Paris,	7 janv.	7	»	13	5o	988	15	7 »	Encaissé.
»	13 févr.	8	3	781	26			2 mars.	Idem.
»	7 mai.	9	»	3000	»			3 »	O/. Bougleux , v. comptant.
Bordeaux,	17 dito.	10	»	205	»			18 janv.	Remis à Vernet et compagnie.
Lyon ,	27 dito.	11	»	540	5o	4526	76	» »	*Idem. idem. Idem.*
Paris,	15 mars.	12	4	947	5o			15 mars.	Encaissé.
Lyon ,	20 dito.	13	»	1940	07			28 janv.	Remis à Vernet et compagnie.
Cherbourg,	4 dito.	14	»	347	43			27 dito.	Idem. à Roussel.
Paris ,	17 dito.	15	»	3000	»			17 »	Encaissé.
Nantes,	17 avril.	16	»	2000	»			28 janv.	Remis à Vernet et compagnie.
Lyon ,	17 mai.	17	»	1000	»	9235	»	3 mars.	Passé o/. Bougleux , v. ct.
Laval,	22 févr.	18	5	1528	35			28 janv.	Remis à Valmont.
»	22 mars.	19	»	1528	3o			27 «	Remis à Roussel.
Beauvais,	15 dito.	20	»	2357	10			15 mars.	Encaissé.
Cherbourg,	15 févr.	21	»	6820	»			7 févr.	Remis à Noel.
Laval ,	25 avril.	22	»	8700	»			3 mars.	Passé o/. Bougleux , v. ct.
Paris ,	fin juin.	23	»	750	»	21683	75		
»	15 dito.	24	6	2000	»	40533	66	3 mars.	Passé o/. Bougleux , v. ct.
»	15 juill.	25	»	1500	»	3500	»		
»	15 févr.	26	7	6803	15	6803	15	28 févr.	Encaissé.
						50836	81	. . . .	
1er Mars. BALANCE. .						24035	86		Montant du compte arrêté au Grand-Livre le 29 février 1824 , époque de la balance générale.
Paris,	6 avril.	27	3	3085	35	3085	35		
Beauvais,	28 dito.	28	5	4450	»			31 mars.	Remis à Eripé et comp.
Paris,	29 dito.	29	»	4450	»			» »	*id. id.*
Beauvais,	» mai.	30	»	1422	5o			» »	*id. id.*
Elbeuf ,	25 avril.	31	»	2855	20			31 mars.	Remis à Eripé et comp.
»	» mai.	32	»	2855	20			» »	*id. id.*
»	15 avril.	33	»	792	5o			» »	*id.* à Vernet et comp.
Paris ,	20 mai.	34	»	2253	56				
»	24 dito.	35	»	5739	»			31 mars.	Remis à Eripé et comp.
Uzès,	15 dito.	36	»	5839	32			» »	*id. id.*
Bordeaux,	10 juin.	37	»	5470	40			» »	*id.* à Vernet et comp.
Orléans ,	15 juill.	38	»	4588	80	40716	48	» »	*id. id.*
	Fin mars.					67837	69		

LIVRE D'EFFETS A PAYER.

Du livre d'effets à payer.

Tout ce que j'ai dit par rapport au livre d'effets à recevoir peut s'appliquer à celui-ci, à quelques légers changemens près.

La colonne qui sert à mettre la date de la souscription des effets à recevoir, sert à celui-ci pour mettre la date de l'acceptation, attendu que celle qui est à gauche de la page indique le jour de la souscription des effets, ou bien celui où on a reçu l'avis qu'on a fait traite sur nous. J'ai supprimé la première colonne à droite, qui sert à mettre le nom des lieux où les effets doivent être payés ; elle est inutile, puisque c'est toujours la maison pour laquelle on tient les livres, qui paie.

Chaque mois je fais l'addition des effets pour servir de contrôle au crédit de ce compte au Grand-Livre.

A l'époque de la balance générale, j'arrête par un total la masse des mois qui se sont écoulés depuis le dernier Inventaire et ne porte à nouveau que les effets qui restent en circulation, soit en les reportant à la suite du dernier numéro, ainsi que je l'ai dit pour les effets à recevoir, soit que je les laisse seulement dans l'ordre qu'ils ont reçu primitivement, afin que ce compte puisse toujours être le contrôle du Grand-Livre.

1.   # Sortie des effets.

1825. Janvier 1.	Mon billet o/ Nicolas.	7 novembre.
	Autre o/ Scot.	15 octobre.
	Traite Robert o/ Picot.	A 14 dito.
	Mon bon au porteur.	12 dito.
5.	Mon billet o/ Langlois.	
11.	Mon autre o' Noël, v. comptant.	
18.	Mon autre o/ Vernet et compagnie.	
	Mon autre o/ desdits.	
Février 4.	M/ B/ o/ Vincent.	
11.	Traite Bárat de Saint-Quentin, o/ Lesage. A 13 février.	
	Traite dudit *idem.* o/ Sebille. A 13 dito.	
	Traite dudit *idem.* o/ Eripé et Cie A 13 dito.	
Mars 3.	M/ B/ o/ Bougleux, valeur comptant.	
30.	M/ B/ o/ Eripé et compagnie.	

Rentrée des effets.   1.

15 Février.	1	1	7500	»			19 Janvier.	Escompté par Samson et compagnie.
10 Janvier.	2	»	4000	»			10 Janvier.	Payé s/ l'acquit Géry.
5 dito.	3	»	3000	»			5 dito.	Payé s/ l'acquit Notel.
25 dito.	4	»	307	»	14807	»	25 dito.	Payé s/ l'acquit Duval.
15 Mars.	5	2	1300	40	1300	40	15 Mars.	Payé s/ l'acquit Carpentier.
8 Avril.	6	3	7600	»	7600	»		
15 dito.	7	5	1740	»				
15 Mai.	8	»	340	»	2080	»		
			Janvier		25787	40		
10 mai.	9	7	590	»	590	»		
25 Avril.	10	7	3754	65				
25 Mai.	11	»	3754	65				
25 Juin.	12	»	3754	60	11263	90		
			BALANCE		37641	30		
BALANCE des des effets en circulation.					22834	30		
5 Mai.	13	2	3500	»	3500	»		
20 dito.	14	4	347	12	347	12		
Fin mars.					26681	42		

[illegible table]

LIVRE DE NOTES.

Du livre de Notes.

JOURNAL A.

TOUS les articles qui ne feront pas partie du livre de caisse, du livre d'achats, du livre de ventes, ou de ceux d'effets à recevoir ou à payer, ou enfin d'aucun des livres auxiliaires dont nous nous servons pour ce cours, feront essentiellement partie du livre de notes.

Tous les articles dont les sommes se trouvent placées à la dernière colonne font partie du Journal, et ceux dont les sommes ne figurent qu'à la première colonne, ne sont portés à ce livre que comme simples notes. De ce nombre est celui du 7 janvier.

J'aurais pu éviter d'y porter les articles des 4 et 5 janvier; la caisse indiquait suffisamment l'opération que j'avais faite.

On remarquera que, le 7 janvier, j'ai donné le détail des effets que j'ai escomptés à Duval, tandis que, le 17 du même mois, je ne donne que les numéros, les sommes, les échéances, la somme payée et l'escompte de ceux que j'ai pris à Vidal et compagnie. On peut, pour tous les articles de ce genre, en agir ainsi, puisque, du moment qu'on est décidé à prendre des effets, on les porte dans ce livre avec tous les détails nécessaires.

JOURNAL B.

Il y a des articles qu'on ne saurait se dispenser de porter sur le livre de notes; de ce nombre est celui du 3 mars; car, si le teneur de livres peut voir, par la seule inspection du livre d'effets à payer, qu'il a été souscrit au profit de Bougleux un billet de 3,500 fr. payable le 15 mai, nulle indication semblable n'existe pour les effets du portefeuille que l'on donne en paiement, non plus que pour ceux que l'on vend, à moins que cette opération n'ait lieu par correspondance.

La forme et le tracé de ce livre sont arbitraires.

<table>
<tr><td colspan="2"></td><td colspan="4" style="text-align:center">— 4 Janvier 1825.</td></tr>
<tr>
<td>2.
Journal A</td>
<td>J'AI négocié ou vendu à Bosquet, de Paris, le billet Lottin, de 2000 fr. enregistré sous le n° 1. payable le 15 mars, lequel il m'a escompté à 1,2 p. o/o.   Perte.</td>
<td style="text-align:right">33</td><td>67</td>
<td></td><td></td>
</tr>
<tr><td colspan="2" style="text-align:center">—————— 5 ——————</td><td colspan="4"></td></tr>
<tr>
<td>2.</td>
<td>J'AI passé, valeur reçue comptant de Silvain, le billet Cherel, de 600 fr. portant le n° 2, payable le 15 février qu'il m'a escompté à 5 p. o/o l'an.</td>
<td style="text-align:right">3</td><td>33</td>
<td style="text-align:right">37</td><td>»</td>
</tr>
<tr><td colspan="2" style="text-align:center">—————— 7 ——————</td><td colspan="4"></td></tr>
<tr>
<td>Simple note.

Voyez la Caisse de ce jour.</td>
<td>J'AI pris pour mon compte les effets ci-après que j'ai escomptés à M. Duval, qui les a passés à mon o/ valeur reçue comptant.

 SAVOIR :
N°s 9.—3000 fr. Traite Tetard s/ Camel, au 7 mai.
        escompte. . . .   60 fr. »
  10.— 205 B/ Lobau, o/ Michel, au
        17 mai. . . . . . . 4 .45
  11.—540 5o. B/ Gullet o/ Duval, 27 id. 12 . 6o
      ————————
    3745 f. 5o c.</td>
<td style="text-align:right">77</td><td>o5</td>
<td style="text-align:right">o</td><td>o</td>
</tr>
<tr><td colspan="2" style="text-align:center">—————— 17 ——————</td><td colspan="4"></td></tr>
<tr>
<td>4.</td>
<td>J'AI escompté à Vidal et compagnie les effets ci-après, qu'ils ont passés à m/ o/ valeur reçue comptant.
N°s 15.—3000 f. au 17 mars, 1/2 o/o payé 2970 f. es.
  16.—2000 au 17 avril, 1/2 o/o.   1970
  17.—1000 au 17 mai, 1/2 o/o.   980
  ————   ————
  6000 fr.   5920 f.</td>
<td style="text-align:right">30
30
20

80</td><td>»
»
»

»</td>
<td style="text-align:right">

80</td><td>

»</td>
</tr>
<tr><td colspan="2" style="text-align:center">—————— 3 mars 1825. ——————</td><td colspan="4"></td></tr>
<tr>
<td>2.
Journal B.</td>
<td>REÇU de Bougleux contre les effets suivans, que j'ai passés à son ordre, valeur comptant.

 SAVOIR :
N°s 9. de 3000 f. au 7 mai, reçu 2970 f. es^{te} 3o f.
  17. de 1000   au 17 id.   991   9 »
  22. de 8700 au 25 avril, 8635 5o c. 63 5o
  24. de 2000 au 15 juin,   1972   28 »
  13. M/ B/ à S/ o/. 15 mai, 3465   35 »
                            ————————————
             18034 f. 5o 165 5o</td>
<td style="text-align:right">130
35</td><td>5o
»</td>
<td style="text-align:right">165</td><td>5o</td>
</tr>
</table>

4 janvier 1845.

[illegible] — [illegible] vendu à Bosquet, de Paris, [illegible]

[illegible]

	Doit	Avoir	
[illegible]	[illegible]	[illegible]	[illegible]

[illegible]

5 mars 1845.

[illegible]

LIVRE D'ÉCHEANCES.

A recevoir.

1825	**JANVIER.**				
7	2 janvier.	7	13	50	Encaissé.
1825	**FÉVRIER.**				
15	10 décembre.	2	600	»	Passé à Silvain, valeur comptant.
13	4 janvier.	8	781	26	Reçu.
22	22 décembre.	18	1528	35	Remis à Valmont.
25	24 décembre.	21	6820	»	Remis à Noël.
28	18 février.	25	6803	15	Encaissé.
1825	**MARS.**				
15	15 novembre.	1	2000	»	Passé o/ Bosquet, val. comptant.
10	5 décembre.	3	1500	»	Passé o/ Gaudinot.
15	31 décembre.	6	501	05	Passé o/ Langlois.
15	2 janvier.	12	947	50	Encaissé.
20	29 décembre.	13	1940	07	Remis à Vernet et compagnie.
»	» »	14	347	43	Remis à Roussel.
17	15 dito.	15	3000	»	Reçu.
22	22 dito.	19	1528	30	Remis à Roussel.
15	23 dito.	20	2357	10	Encaissé.
1825	**AVRIL.**				
15	20 décembre.	4	273	60	Passé à Langlois.
»	31 décembre.	5	200	»	Passé audit.
17	17 dito.	16	2000	»	Remis à Vernet et compagnie.
25	24 dito.	22	8700	»	Passé à Bougleux, val. compt.
6	6 février.	27	3085	35	
28	13 mars.	28	4450	»	
29	12 dito.	29	4450	»	
25	17 dito.	31	2855	20	Remis à Eripé et compagnie.
15	17 dito.	33	792	50	Remis auxdits.

A payer. 1.

1825		JANVIER.				
	10	1er janvier.	2	4000	»	Payé à Géry.
	5	A. 14 décembre.	3	3000	»	» à Notel.
	25	12 décembre.	4	307	»	» à Duval.
1825		FÉVRIER.				
	15	7 novembre.	1	7500	»	Escompté à Samson et compagnie.
1825		MARS.				
	15	5 janvier.	5	1300	40	Payé à Carpentier.
1825		AVRIL.				
	8	11 janvier.	6	7600	»	
	15	18 dito.	7	1740	»	
	25	A. 13 février.	10	3754	65	

1824. Janvier à recevoir.

ÉCHÉANCE.	DATES DE LA SOUSCRIPTION.	DÉSIGNATION DES LIEUX OÙ LES EFFETS SONT PAYÉS.	Nᵒˢ	SOMMES.		SORTIE DES EFFETS.
7	30 décembre.	Nantes.	7	4000	»	Encaissé.
5	7 septembre.	Paris.	15	3000	»	Reçu.
29	5 octobre.	Lyon.	6	2500	»	Encaissé.
30	6 »	Bordeaux.	9	500	»	Remis à Duval.
10	17 dito.	Strasbourg.	4	800	»	Passé à Gigot.
17	15 décembre.	Rouen.	8	600	»	Reçu.
		1825.				
17	8 janvier.	Marseille.	7	1500	»	

LES commerçans ne doivent pas laisser passer un seul jour sans examiner le livre d'échéances, afin d'être toujours en mesure pour les paiemens qu'ils ont à faire; et, par la même raison, ne pas perdre leurs recours pour les effets à recevoir qu'ils négligeraient de présenter à temps.

La forme de ce livre et sa composition varient à l'infini; mais toutes les méthodes sont bonnes, pourvu qu'elles indiquent bien le jour de l'échéance, les sommes et les numéros.

Voici comment je classe les effets dans celui qui m'a servi pour ce cours. L'année en marge, le mois ainsi qu'il est écrit sur la même ligne, en y ajoutant *à recevoir*, et par conséquent à l'autre page les mots : *à payer*. Je suppose qu'on réserve pour chaque mois une page entière : les dates de l'échéance sont placées dans la petite colonne; dans celle qui suit, les dates de la souscription ou acceptation des effets, puis les numéros, ensuite les sommes, enfin l'emploi de l'effet.

Je serais d'avis qu'on divisât le livre d'échéances en douze parties égales, pour les douze mois de l'année, et, à la première page de chaque partie, qu'on écrivît le mois auquel elle appartient, pour faire suivre suivant le modèle que j'en donne ci-dessus, et l'arrêter chaque mois, ainsi que je l'ai fait sur ce modèle; bien entendu que, dans ce cas, il faudrait employer chaque mois le moyen qu'on emploie pour solder les comptes des particuliers : descendre la ligne verticale de celui des effets à recevoir ou à payer qui n'aurait pas dépensé autant de place, pour qu'elle se trouvât horizontalement avec celle qui servirait à clore le mois de celui qui en aurait dépensé le plus.

JOURNAL A.

Du Livre Journal.

Le livre Journal renferme, et doit renfermer toutes les opérations qu'un négociant fait. Les articles qui le composent, et les conditions qui sont exprimées dans ces articles, ont besoin d'être énoncées clairement et brièvement autant que possible.

Les livres auxiliaires, concourant à la confection du Journal, donnent tous les détails nécessaires sur chaque opération qu'ils renferment ; ainsi, il serait inutile de les répéter au Journal. Aussi verra-t-on que je donne pour les effets, par exemple, le numéro et la date de l'échéance ; pour les marchandises : *Facture à telle chose ou facture à divers* , avec les conditions de paiement seulement ; pour les espèces : *Reçu d'un tel en compte ; Reçu d'un tel pour solde ; Payé ou remis à un tel en compte ; Payé ou remis à un tel pour solde.*

En agissant ainsi, les articles se trouvent préparés pour les rapporter au Grand-Livre , chacun à leur compte respectif.

Nous savons déjà, que tous les livres auxiliaires concourent à former le Journal. Il ne nous reste plus maintenant qu'à expliquer la manière que nous croyons la plus prompte et la plus sûre pour l'exécution, et la plus facile à concevoir pour sa confection.

Que l'Inventaire soit fait sur une feuille volante, ou bien qu'il soit porté dans un livre destiné à les recevoir tous, c'est toujours lui qui figure en tête du Journal.

Tout ce qui compose l'actif , tels que les espèces en caisse , les marchandises en magasin, les effets en portefeuille , les correspondans débiteurs , les immeubles et les meubles, forment le premier article qu'on intitule ainsi : *Divers à balance d'entrée.* Après ce titre, suit la désignation de chaque compte, et, sur la ligne au-dessous, le pourquoi il est débité.

Voyez au Journal A, la composition de cet article.

Le second article du Journal sera composé du passif, qui est représenté à l'Inventaire par les correspondans créanciers, et les effets à payer restant en circulation.

Cet article aura pour titre : *Balance d'entrée à divers.* Après avoir porté chacun des créanciers, et la désignation de sa créance, et puis les effets à payer qui figurent au passif, j'ajoute un compte que je qualifie de *compte capital*, ou Capital simplement, pour y porter au crédit les 93,697 fr. 15 cent.; qui font, d'après mon Inventaire, le net de mon actif.

Avant de passer aux opérations, je crois nécessaire de dire un mot sur la distribution du Journal.

Il est tracé, ainsi que les livres d'achats et de ventes ; le petit filet tiré à gauche de la page, sert à recevoir le folio du sujet du compte au Grand-Livre.

Comme je ne forme mon Journal que par cinq jours, l'on ne verra figurer dans la colonne du milieu, destinée à recevoir les dates, que celles-ci : 5, 10, 15, 20, 25 et 30, ou 31 pour finir les mois. Ces dates seront portées au Grand-Livre à chaque compte général qui recevra en totalité le débit ou le crédit des divers comptes renfermés dans un même article du Journal; tandis que chaque compte particulier aura la date précise qui se trouve placée dans la première colonne à gauche, vis-à-vis le nom du sujet du compte. Ainsi, en rapportant le premier article d'opération du 5 janvier, on portera la date du 3, en débitant Simon de Beauvais, celle du 4, à Masson de Cherbourg, et celle du 5, en débitant Cousin de Laval.

L'usage des trois colonnes propres à contenir les sommes, est en partie connu.

La première sert à mettre les parties qui doivent former un tout, pour être porté au même compte, ainsi que cela arrive à l'article du 5 janvier, à Simon de Beauvais, qui remet deux effets. La deuxième représente la somme qui doit former la totalité du débit ou du crédit d'un seul compte ; et la troisième colonne réunit tous les articles pour former le débit ou le crédit de chaque compte général.

Je ne fais pas les additions du Journal, comme la majeure partie des teneurs de livres les font ; je donne la raison qui me fait agir ainsi, dans ce que je dis relativement à la balance mensuelle. (*Voyez* cette balance.)

Les livres auxiliaires de caisse, d'achats, de ventes, d'effets à recevoir, d'effets à payer, etc., sont un contrôle infaillible pour le Journal.

Expliquons ceci, en donnant le moyen que j'ai employé pour passer les huit articles qui sont sous la date du 5 janvier.

Après avoir fait l'addition sur chaque livre auxiliaire, de tous les articles qui doivent concourir à former l'article du 5 janvier, au Journal, j'ai commencé par le livre *d'effets à recevoir*, où figurent quatre remises montant ensemble à 988 fr. 15 cent., qui m'ont été fournies par trois individus. En me rappelant ce principe, que celui qui donne est créditeur, et celui qui reçoit débiteur, j'ai conclu que le compte d'effets à recevoir devait être débité, et les autres sujets des comptes qui m'ont fourni crédités ; et, d'après ce raisonnement, j'ai formé l'équation suivante :

Article premier.

EFFETS A RECEVOIR A DIVERS.

Après ce titre, j'ai mis le nom du premier créancier, Simon de Beauvais ; j'ai porté à son crédit les effets enregistrés sous les numéros 4 et 5, leur échéance, la somme ou montant de chaque effet, dans la première colonne, et le montant des deux, soit 473 fr. 60 cent., dans la seconde colonne destinée à recevoir la totalité des articles qui doivent figurer à chaque compte particulier.

Vient après Masson de Cherbourg, qui se trouve créancier pour le numéro 6, portant 501 fr. 05 cent., payable le 15 mars ; ensuite Cousin de Laval, pour le numéro 7, de 13 fr. 50 cent. A mesure que ces différens articles sont portés au Journal, j'ai soin de l'indiquer au livre d'effets à recevoir, en plaçant, dans la colonne à ce destinée, la page du Journal où l'article se trouve porté ; et, dès que tous les articles sont pris, je l'indique de cette manière = sous le dernier numéro qui représente la page du Journal.

Cette dernière mesure est applicable à chaque livre auxiliaire qui a une colonne consacrée à recevoir la page du Journal. Je m'abstiendrai donc d'en parler en traitant des autres livres.

Après que tous les articles sont passés au Journal, j'en fais l'addition dans la troisième colonne, et, si le total est pareil à celui que j'ai déjà fait au livre d'effets à recevoir, nul doute que l'article ne soit bien passé.

Je n'ai pas besoin de répéter que j'indique pour chaque créancier, dans la première colonne, et vis-à-vis de son nom, la date précise de la remise de l'effet que je trouve dans ce livre.

Deuxième article.

Ensuite, je prends le livre de copies de lettres, et je vois par celle qui a été adressée à Langlois d'Elbeuf, le 5 janvier, qu'on lui a fait passer une somme de 2275 fr. 05 cent., en trois effets sortis du portefeuille, portant les numéros 4, 5, et 6, ensemble 974 fr. 65 cent., et un effet à payer de 1300 fr. 40 cent., portant le numéro 5. Je prends (ceci regarde exclusivement le teneur de livres) les livres d'effets à recevoir et à payer, pour voir si les numéros indiqués dans la correspondance portent bien les mêmes sommes que les livres d'effets, et, les ayant trouvées pareilles, j'écris au livre d'effets à recevoir, dans la colonne réservée pour leur sortie, ces mots : *5 janvier, remis à l'Anglois d'Elbeuf.* Cette préparation faite, je mets le titre de cet article au Journal, comme suit : *Langlois d'Elbeuf à divers.*

A effets à recevoir pour les trois remises que je lui fais, et à effets à payer pour le numéro 5. Je porte ensuite dans la colonne de ce dernier livre, réservée pour les pages du Journal, le chiffre 2, et je tire deux traits ainsi : — dessous, pour indiquer que tous les articles qui précèdent sont pris.

Troisième article.

Je suis le livre de correspondance, pour voir si d'autres remises n'ont pas été faites, et je trouve, à la même date du 5, que l'effet enregistré sous le numéro 3 de la somme de 1500 fr. payable le 10 mars à Nantes, a été remis à Gaudinot d'Orléans, je fais la même préparation que j'ai déjà faite pour les trois effets remis à Langlois d'Elbeuf, et je débite Gaudinot d'Orléans qui reçoit, par le crédit d'effets à recevoir, qui donnent.

Quatrième article.

J'ai sous les yeux le livre de ventes où je vois que, dans l'espace de cinq jours, on a vendu pour une somme de 8517 fr. 52 cent., à quatre particuliers. Ces particuliers me doivent, chacun suivant la facture détaillée dans ce livre, le montant des marchandises qu'elle renferme. J'intitule l'article : *Divers à marchandises générales.*

Je porte au débit de chaque compte particulier, le montant de la facture en mettant seulement au journal : *Ma facture à huile : Ma facture à divers*. A la suite, le terme accordé pour le paiement ; et enfin le montant dans la seconde colonne des sommes, si le sujet du compte n'est débiteur que d'une facture.

Je mets, comme je l'ai indiqué plus haut, la date précise dans la colonne qui se trouve en marge. Tous les articles étant pris, je fais l'addition ; et, si elle est semblable à celle déjà portée au livre des ventes, j'acquiers la certitude que mon travail est juste.

Cinquième article.

Le livre d'achats me donne la contre-partie de ce que je viens de faire ; dans celui-ci tous les sujets des comptes qui y figurent sont créanciers ; aussi j'écris pour titre au Journal : *marchandises générales à divers.*

Je porte la date précise de l'achat, le nom du créancier, sa facture, le terme qui m'est accordé pour le paiement, et enfin le montant, comme je l'ai fait au précédent article. Le résultat au Journal étant le même qu'au livre d'achats, je suis certain d'avoir bien opéré.

Sixième article.

Passant au livre de caisse pour composer un article de toutes les sommes qu'elle a reçues dans le courant des cinq premiers jours de janvier, je trouve un total de 3,344 fr. 26 c. reçu de Sarlerand en compte, et de Bosquet et Silvain pour un effet que chacun d'eux m'a escompté. Je prends le livre d'effets à recevoir, pour m'assurer que les nᵒˢ 1 et 2, portent bien la somme que la caisse a reçue, ajoutée à la perte faite à la négociation. Cette vérification faite, j'écris au livre d'effets dans la colonne de sortie, et sur la même ligne où se trouve placé le nᵒ 1 : *4 janvier, passé ordre de Bosquet valeur reçue comptant;* et au nᵒ 2 : *5 janvier, passé ordre. Silvain, valeur reçue comptant*. Cela fini, j'écris au Journal : *caisse à divers.*

Voyez au Journal même pour la composition de cet article.

Septième article.

Comme les sommes reçues contre les effets nos 1 et 2, me font voir que je fais une perte, je passe au livre de notes qui renferme deux articles de négociation, l'un sous la date du 4 et l'autre sous celle du 5 janvier. J'en forme un article au Journal intitulé : *profits et pertes à effets à recevoir;* je désigne la perte que je fais sur chaque effet et les réunis ensuite pour qu'il y ait moyen de contrôle avec le livre de notes.

Huitième article.

Enfin, je prends le livre de caisse pour passer à son crédit toutes les sommes qu'elle a payées durant les cinq jours écoulés. Le premier article se trouve être le mandat de Gilon de Paris acquitté pour solde.

Je vérifie si ce mandat porte bien la même somme, et si réellement elle fait le solde du compte Gilon; ensuite je passe au livre d'effets à payer, pour m'assurer que le n° 3 est bien de la somme de 3000 fr., et j'écris dans la colonne de rentrée des effets : 5 *janvier, payé sous l'acquit Notel.* Cette précaution de mettre la date de la rentrée ou du paiement d'un effet n'est pas inutile. Le n° 8 d'effets à recevoir, payable le 13 février, n'a été encaissé que le 2 mars, et la caisse de ce jour se trouve chargée de 4 fr. reçus pour retard de paiement dudit effet.

Je reviens au crédit de la caisse pour les sommes qu'elle a payées. Après que la préparation que je viens d'indiquer est faite, j'écris au Journal l'équation suivante (1) : *divers à caisse.*

Voyez le détail de l'article au Journal.

Ce que je viens de dire suffit pour passer au Journal tous les articles qui se trouvent portés aux livres auxiliaires; mais qu'on ne pense pas qu'il faille toujours commencer par le livre d'effets à recevoir, comme je l'ai fait pour les cinq premiers jours de janvier, ou par tel autre livre de

---

(1) Je me sers quelquefois du mot *équation*, parce que chaque article du Journal en forme une dont le débiteur ou les débiteurs sont le premier membre, et le créancier ou les créanciers le second.

préférence à tout autre. On peut varier et les prendre au hasard, c'est à la volonté de celui qui passe les écritures ; seulement j'estime toujours la préparation que je viens d'indiquer nécessaire avant de passer à la composition du Journal, parce que le travail se trouve fait avec plus de méthode, et marche plus rapidement. Et puis, lorsqu'on a déjà vu l'importance des articles que renferme chaque livre auxiliaire, il est plus aisé, quand on arrive vers la fin d'une page du Journal, d'éviter qu'un article se trouve divisé ; ce qui, sans être défendu, ne convient pas à la clarté que chacun désire trouver dans les écritures.

Nous allons suivre les opérations du Journal jusqu'au 29 février, époque de l'Inventaire ; mais je ne parlerai seulement que des articles qui sortent de la règle que je viens de prescrire, et qui dépendent en général du caprice ou de la volonté du teneur de livres.

Article du 10 janvier.

Le 7 janvier j'ai escompté à Duval les effets enregistrés sous les nos 9, 10 et 11, qu'il a passés à mon ordre valeur comptant. J'ai supposé que la caisse déboursait, pour les payer, 3745 fr. 50 c., somme qui se trouve portée au crédit de ce livrre ; mais qu'au moment même je recevais de Duval 77 fr. 05 c. pour le bordereau d'escompte ; dont la caisse se trouve chargée.

Voyez le livre de notes pour le détail de la négociation, et faites bien attention que les 77 fr. 05 c. ne sont pas portés à la dernière colonne où je mets les sommes qui doivent faire partie des articles portés au Journal.

Sous la même date du 7 janvier, je porte au débit de la caisse, par profits et pertes, que j'ai reçu de Duval pour escompte ; ce qui revient au même que si j'avais crédité d'abord, comme je l'ai fait à l'article du 17 janvier, la caisse pour la somme qu'elle a réellement payée pour acheter les trois effets, et profits et pertes pour l'escompte, sans rien changer au compte d'effets à recevoir, qui est dans l'un et l'autre cas le seul débiteur.

Article du 15 janvier.

Le 11 janvier je vois la caisse chargée d'une somme de 7,495 fr. reçue de Noël contre le numéro 6. — Pour composer cet article, je prends le livre d'effets à payer, et je vois que ce numéro y est porté pour 7600 fr. J'en tire la conséquence que j'ai perdu à la négociation 105 fr., dont caisse et profits et pertes doivent, l'une, pour les écus que j'ai reçus, et l'autre pour la perte que je fais 7,600 fr. à effets à payer.

Article du 20 janvier.

Le 16 janvier je vois au débit de la caisse : reçue des mains de Collon pour compte de Masson de Cherbourg, cet article me fait faire une remarque essentielle ; la voici : c'est que, toutes les fois qu'on reçoit une somme pour compte d'un tiers, il est nécessaire d'en faire mention ; les sommes payées aussi pour compte d'un tiers demandent les mêmes précautions.

Le 17 janvier j'ai escompté les numéros 15 ; 16 et 17 à Vidal, pareille opération a été faite avec Duval le 7 courant. — J'ai passé celle-ci différemment ; l'une et l'autre de ces méthodes sont bonnes à suivre. Celle du 17 me paraît plus naturelle, si l'opération est consommée à l'instant même ; mais si au contraire on remet un à-compte, ou le montant des effets avant d'en avoir fait le bordereau d'escompte, alors on suivra la première ; et lorsqu'on remettra le bordereau pour recevoir le montant de la négociation, on débitera la caisse ainsi qu'on l'a fait pour l'opération du 7 janvier.

Le même jour 17, je vois par la lettre de Cousin de Laval, du 14 courant, qu'il me donne avis que, suivant l'ordre que je lui ai donné par ma lettre du 25 écoulé, il a accepté la traite de 1485 fr. que Roussel d'Abbeville a faite sur lui pour mon compte, le 9 courant, payable le 5 avril prochain, de laquelle somme de 1485 fr. il demande à être crédité.

Aucun des comptes généraux ne doit figurer dans cet article. Il ne sort rien, il n'entre rien, c'est un simple déplacement. Ce qui m'était dû par Cousin de Laval, me sert à payer une partie de ce que je dois à Roussel d'Abbeville. Dans ce cas, Roussel est débiteur, puisqu'il reçoit, et Cousin, créditeur, puisqu'il promet payer.

Le 20 janvier j'ai payé par anticipation mon billet n°. 1 de 7500 fr. qui ne devait échoir que le 15 février, moyennant remise de 40 fr. ; je débite le compte d'effets à payer de 7500 fr., savoir : par le crédit de la caisse, pour 7460 fr. qu'elle paye ; et par profits et pertes, pour 40 fr., montant de la remise qu'on me fait.

Article du 29 février.

Le 10 février j'ai débité Noël de Cherbourg de 6820 fr. pour l'effet n° 21, payable dans cette ville le 15 courant ; et dans sa lettre du 18 que j'ai reçue le 26 courant, il me fait passer sa traite à mon ordre sur Cambier de Paris, payable le 28 courant, de la somme de 6803 fr. 15 c., que j'ai enregistrée sous le n° 26. Il me compte pour commission et port de lettres 16 fr. 85 cent. Je lui donne crédit de 6820 fr., savoir : 6803 fr. 15 c. par le débit d'effets à recevoir, et 16 fr. 85 c. par celui de profits et pertes.

Le 29 je débite Langlois par profits et pertes pour la remise qu'il m'accorde, suivant sa lettre du 26 courant, sur l'avance que je lui fais du paiement de sa facture.

Page 7 du Journal le dernier article se trouve coupé, et la dernière partie portée à la page 8. Si j'eusse fait attention, ainsi que je le recommande dans la note que j'ai mise à la suite de l'explication que je donne des huit premiers articles compris dans les cinq premiers jours de janvier, j'aurai porté cet article le premier, sous la date du 29, et il m'eût été facile de porter après, tel nombre des autres articles nécessaires pour remplir la page, puisque le plus long d'entre eux ne renferme au plus que sept lignes.

Les deux derniers articles du 29 février font partie de la préparation faite pour obtenir la balance d'Inventaire, et c'est-là seulement où je me réserve d'en parler, ainsi que de la balance de sortie qui sert d'introduction aux nouvelles opérations qui forment le Journal B.

I.

			1 Janvier 1825.					
.3			Divers à Balance d'entrée.					
			Caisse.					
			Suivant le bordereau d'inventaire. . .			8650	50	
.4			Marchandises générales.					
			Pour celles en magasin.			52520	»	
.5			Effets à recevoir.					
			Pour les n. 1, 2 et 3.			4100	»	
.2			Simon, de Beauvais.					
			Pour l'arrêté de compte du 27 écoulé. .			473	60	
.2			Masson, de Cherbourg.					
			Ma facture du 15 écoulé à 3 m/. . . .			501	05	
.2			Cousin, de Laval.					
			Pour reste de compte.			13	50	
.1			Immeubles.					
			Une maison, rue de la Paix, n. 15. . .			50000	»	
.1			Meubles.					
.1			Pour ceux à mon usage.			4000	»	120358	65

— 1 —

			Balance d'entrée à divers.					
.6			A Langlois, d'Elbeuf.					
.6			Sa facture drap du 20 décembre, à 6 m/.			3500	40	
			A Gilon, de Paris.					
.6			Reste de compte.			13	30	
			A Gaudinot, d'Orléans.					
.5			Pour le compte arrêté le 25 expiré. .			8240	80	
			A Effets à payer					
.1			Pour les n. 1, 2, 3 et 4.			14807	»	
			A compte capital.					
			Pour mon actif.			93697	15	120258	65

— 5 —

			Effets à recevoir à divers.					
.2	3		A Simon, de Beauvais.					
			Le n. 4 au 15 avril.	273	60			
.2			5 au 15 dito.	200	»	473	60	
	4		A Masson, de Cherbourg.					
.2			Le n. 6 au 15 mars.			501	05	
	5		A Cousin, de Laval.					
			Le n. 7 au 7 courant.			13	50	988	15

2.

		5 Janvier 1825.					
.6 / .5		Langlois, d'Elbeuf, à divers.					
		A Effets à recevoir.					
		Le n. 4 au 15 avril.	273	60			
		5 au 15 dito.	200	»			
		6 au 15 mars.	5o1	o5	974	65		
.5		A Effets à payer.					
		Le n. 5 au 15 mars.			13 o	40	2275	o5
		———— 5 ————					
.6 / .5		Gaudinot, d'Orléans, à Effets à recevoir.					
		Le n. 3 s/ Nantes, au 10 mars. . . .					1500	»
		———— 5 ————					
		Divers à Marchandises générales.					
.2	3	Simon, de Beauvais.					
		Facture à divers, à 6 m/.			75o	»		
.7	3	Sarlerand, de Paris.					
		Facture à huile.			1562	52		
.2	4	Cousin, de Laval.					
		Facture à vins, à 3 m/.			1485	»		
.2	5	Masson, de Cherbourg.					
.4		Facture à huile, à 2 m/.			4720	»	8517	52
		———— 5 ————					
.4		Marchandises générales à divers.					
.7	3	A Benoît, d'Uzès.					
		Sa facture huile, du 24 décembre, à 2 m/.			1264	»		
.7	3	A Roussel, d'Abbeville.					
		Sa facture toile, à 3 m/.			8445	18	9709	18
		———— 5 ————					
.3		Caisse à divers.					
.7	4	A Sarlerand, de Paris.					
		Reçu en compte.			781	26		
.5		A Effets à recevoir.					
	4	Reçu c/. le n. 1 de 2000 fr.	1966	33			
	5	« c/. le n. 2 de 600 fr.	596	67	2563	»	3344	26
		———— 5 ————					
.5 / .5		Profits et pertes à Effets à recevoir.					
	4	Escompté par Bosquet, le n. 1. . . .			33	67		
	5	dito par Silvain, le n. 2. . . .			3	33	37	»

3.

		5 Janvier 1825.							
.6		Divers à Caisse.							
		Gilon, de Paris.							
.5	2	Pour acquit de son mandat, pour solde.					13	3o	
		Effets à payer.							
.3		Payé le n. 3.					3ooo	»	3o13 3o
		10							
.5		Effets à recevoir à Divers.							
.7	6	A Sarlerand, de Paris.							
		Le n. 8, au 13 février.					781	26	
.3	7	A Caisse.							
		Pour le n. 9 au 7 mai.	3ooo	»					
		10 17 dito.	2o5	»					
		11 27 dito.	54o	5o	3745	5o	4526	76	
		10							
.5		Effets à payer à Caisse.							
.3		Pour acquit du n. 2.							4ooo »
		10							
.3		Caisse à Divers.							
.5	7	A Profits et pertes.							
		Reçu de Duval, p.r esc.t des n.os 9, 10 et 11.					77	o5	
.5	7	A Effets à recevoir.							
		Encaissé le n. 7.					13	5o	9o 55
		10							
.7	7	Divers à Marchandises générales.							
		Sarlerand, de Paris.							
		Facture à divers à 3 mois.					4217	5o	
.7	8	Benoît, d'Uzès.							
		Facture toile à 2 mois.					112o	»	
.7	8	Roussel, d'Abbeville.							
		Facture vin à 3 mois..					33oo	»	
.6	9	Gaudinot, d'Orléans.							
.4		Facture à drap.					168oo	»	25437 5o
		15							
.3	11	Divers à Effets à payer.							
		Caisse.							
		Reçu de Noel c/. le n. 6 au 8 avril. . .					7495	»	
.5		Profits et pertes.							
.5		Perte pour escompte..					1o5	»	76oo »

4.

		15 Janvier 1825.							
.4 / 8.		Marchandises générales à Divers.							
		A Vernct et compagnie , de Bordeaux.							
	12	Leur facture à divers , du 1er c. à 6 mois.	6255	95					
	15	Leur dito dito dito à 6 mois.	4514	80	10770	75			
.8		A Valmont , de Bernay.							
	15	Sa facture, toile v. lin courant. . . .			3736	35	14507	10	
		—— 20 ——							
.3		Caisse à Masson , de Cherbourg.							
.2	16	Reçu des mains de Collot pour solde. — .					1485	»	
		—— 20 ——							
.5		Effets à recevoir à divers.							
.2	16	A Masson, de Cherbourg.							
		Le n. 12 au 15 mars.	947	50					
		13 au 20 dito.	1940	07					
		14 au 4 dito.	347	43	3235	»			
.3	17	A Caisse.							
		Pour les effets ci-après escomptés à Vidal,							
		qui les a passés à m. o/. v. comptant :							
		3000 f. le n. 15 au 17 mars, escompte 30 f.	2970	»					
		2000 f. le n. 16 au 17 avril, escompte 30 f.	1970	»					
		1000 f. le n. 17 au 17 mai, escompte 20 f.	980	»	5920	»			
.5	17	A Profits et pertes. 80 f.							
		Bénéfice d'escte sur les nos 15, 16 et 17. .					80	»	7235	»
		—— 20 ——							
.7		Roussel, d'Abbeville , à Cousin, de Laval,							
.2	17	pour montant de la traite qu'il a faite sur lui							
		le 9 cour., payable le 5 avril prochain, suiv.							
		l'ordre que je lui en ai donné le 19 cour.					1485	»	
		—— 20 ——							
.8		Vernet et compagnie , de Bordeaux, à Divers.							
.5	18	A Effets à recevoir.							
		S/ Bordeaux, n. 10 au 17 mai. . . .	205	»					
		S/ Lyon, n. 11 27 dito. . . .	540	50	745	50			
.5	18	A Effets à payer.							
		n. 7 au 15 avril.	1740	»					
		8 au 15 mai.	340	»	2080	»	2825	50	
		—— 20 ——							
.3 / 4.		Caisse à Marchandises générales.							
		Reçu pour vente au comptant.					5505	»	

5.

.5		——— 20 Janvier 1825. ———						
.3	19	**Effets à payer à Divers.**						
		A Caisse.						
		Payé à Samson et comp.ᵉ cᵗ. le n. 1.			7460	»		
.5		A Profits et pertes.						
		Escompte sur le n. 1.			40	»	7500	»
		——— 25 ———						
		Divers à Marchandises générales.						
.2		Cousin , de Laval.						
	22	Ma facture à divers.	4585	»				
	25	Ma facture à dito au 25 avril.	8700	»	13285	»		
.2		Simon , de Beauvais.						
	23	Ma facture à divers.			4714	20		
.2		Masson , de Cherbourg.						
.4	24	Ma facture à divers , 15 février. . .			6820	»	24819	20
		——— 25 ———						
.5		**Effets à recevoir à Divers.**						
.2	23	A Cousin , de Laval.						
		Le n. 18 au 22 février.	1528	35				
		19 au 22 mars.	1528	30				
	25	22 au 25 avril.	8700	»	11756	65		
.2		A Simon , de Beauvais.						
	24	Le n. 20 au 15 mars.	2357	10				
	25	23 à fin juin.	750	»	3107	10		
.2		A Masson , de Cherbourg.						
		Le n, 21 au 15 février.			6820	»	21683	75
		——— 25 ———						
.3		**Caisse à Divers.**						
.2		A Cousin , de Laval.						
	23	Reçu le 1/3 de ma facture de ce jour. .			1528	35		
.2		A Simon , de Beauvais.						
	24	Reçu moitié de ma facture de ce jour. .			2357	10	3885	45
		——— 25 ———						
.5		**Effets à payer à Caisse.**						
.3		Payé le n. 4.					307	»
		——— 51 ———						
		Divers à Caisse.						
.7	26	Benoît , d'Uzès.						
		Pour acquit de son mᵗ.			144	»		
.5		Profits et pertes.						
.3		Payé ma patente s/ le n. 517. . .	350	»				
		Payé pour dépenses du mois. . . .	375	80	925	80	1069	80

6.

		— 31 Janvier 1825. —					
		Divers à Effets à recevoir.					
.7		Roussel , d'Abbeville.					
	27	S/ Cherbourg, n. 14, au 4 mars.	347	43			
		S/ Laval , n. 19 , au 22 dito.	1528	30	1875	73	
.8		Vernet et comp.ᵉ , de Bordeaux.					
	28	S/ Lyon , le n. 13 , an 20 mars.	1940	07			
		S/ Nantes , 16 , au 17 avril.	2000	»	3940	07	
.8		Valmont , de Bernay.					
	28	S/ Laval , n. 18 , au 22 février.			1528	35	7344	15
		— 5 Février. —					
		Marchandises générales à divers.					
.4/.8	4	A Barat, de Saint-Florentin.					
		Facture à vin.			11263	90	
.7	5	A Sarlerand , de Paris.					
		Sa facture vin.			1512	50	12776	40
		— 5 —					
		Effets à recevoir à divers.					
.5/.7		A Sarlerand , de Paris.					
		Le n. 24 au 15 juin.			2000	»	
.9		A Desmoulins.					
		Le n. 25 au 15 juillet.			1500	»	3500	»
		— 5 —					
.9/.5		Vincent , à Effets à payer.					
	4	Le n. 9 au 10 mai.					590	»
		— 5 —					
.9/.3		Richard , à Caisse.					
		A lui prêté en écus.					1000	»
		— 5 —					
		Caisse à Divers.					
.3/.7		A Sarlerand , de Paris.					
		Reçu pour solde.			705	»	
.9		- A Piat.					
		Pour écus à lui empruntés.			1500	»	2205	»
		— 10 —					
.8/.5		Noel , de Cherbourg, à Effets à recevoir.					
		Pour le n. 21 payable 15 courant, inclus dans ma lettre de ce jour.					6820	»
		— 10 —					
.4/.3	7	Marchandises g.ˡᵉˢ , à Saguel et c.ⁱᵉ, de Carpentras.					
		Leur facture huile d'aspic.					132	20

7.

		15 février 1825.						
.8		Barat, de Saint-Florentin, à Effets à payer.						
.5	α	A n. 10 au 25 avril.				3754	65	
		A 11 25 mai.				3754	65	
		A 12 25 juin. . . .				3754	60	11263 90
		——— 20 ———						
.3		Saguel et comp.ⁿ, de Carpentras, à Caisse.						
.3		Payé leur m/. pour solde.						132 20
		——— 29 ———						
		Divers à Noel, de Cherbourg.						
.5	26	Effets à recevoir.						
		Le n. 26 au 28 courant.				6803	15	
.5		Profits et pertes.						
.8		Commission et ports de lettres.				16	85	6820 »
		——— 28 ———						
		Divers à Caisse.						
.1		Meubles.						
		Pour un bureau.				500	»	
.5		Profits et pertes.						
.3		Frais du ménage pendant le mois. . . .	474	25				
		Payé le mémoire du tailleur.	125	40	596	65	1099	65
		——— 29 ———						
.3		Caisse à Effets à recevoir.						
.5		Encaissé le n. 26.						6803 15
		——— 29 ———						
.6		Langlois, d'Elbeuf, à Profits et pertes.						
.5		Pour prompt pay. suiv. sa lett. du 26 c.						42 85
		——— 29 ———						
		Divers à Marchandises générales.						
.2		Simon, de Beauvais.						
	27	Ma facture à 3 mois.	1422	50				
	29	Ma facture à 2 mois.	8900	»	10322	50		
.2		Masson, de Cherbourg. –						
	27	Ma facture à 5 mois.	1448	50				
	29	Ma facture à 3 mois.	5160	»	6608	50		
.2		Cousin, de Laval.						
	27	Ma facture à 3 mois.			1422	50		
.6		Langlois, d'Elbeuf.						
	27	Ma facture.	1182	50				
	29	Ma facture à 4 mois.	792	50	1975	»		
		A reporter.			20328			

8.

		29 Février 1825.			
.7		*Suite et apport de divers à Marchandises.*		20328	5o
.8	28	Roussel , d'Abbeville..			
		Ma facture à divers.		1784	45
.8	28	Vernet et comp., de Bordeaux.			
		Ma facture huile d'aspic.		151	»
.4		Valmont , de Bernay.			
		Ma facture à vin.		13oo	»	23563	95
		29			
.4	28	Marchandises générales à Profits et pertes.			
.5		Pour bénéfices depuis le dernier invent.				2849	29
		29			
.5		Profits et pertes à Compte Capital.			
.1		Pour bénéfices depuis l'inventaire.				1404	89
		29			
.1		Balance de sortie à Divers.			
.1		A Immeubles.			
		Pour ma maison, rue de la Paix , n. 15.		5oooo	»
.1		A Meubles.			
		Pour ceux à mon usage.		45oo	»
.2		A Simon , de Beauvais,			
		Ma facture du 27 et 29 écoulé.		10322	5o
.2		A Masson , de Cherbourg.			
		Ma facture du 27 et 29 écoulé.		66o8	5o
.2		A Cousin, de Laval,			
		Ma facture du 27 écoulé,		1422	5o
.3		A Caisse.			
		Pour ce qui reste en icelle.		11716	46
.4		A Marchandises générales.			
		Pour celles qui restent en magasin.		4651	»
.5		A Effets à recevoir.			
		Pour ceux qui sont en portefeuille ,			
		Suivant le bordereau.		24o35	86
.6		A Langlois , d'Elbeuf.			
		Ma facture du 29 courant.		792	5o
.6		A Gaudinot , d'Orléans.			
		S/ compte.		10059	20
.9		A Vincent.			
		Pour le n. 9.		590	»
.9		A Richard.			
		S/ compte.		1000	»	125698	52

9.

	29 Février 1825.				
.1	Divers à balance de sortie. Compte capital.				
	Pour le net de mon actif.				
.5	Effets à payer.	95102	04		
	Pour ceux restant en circulation suivant le bordereau.				
.8	Vernet et compagnie , de Bordeaux.	22834	3o		
	Leur compte.				
.8	Valmont , de Bernay.	3854	18		
	Reste de compte.				
.9	Desmoulins.	908	»		
	Son compte.				
.9	Piat.	15oo	»		
	Son compte.	15oo	»	125698	52

(क)

GRAND-LIVRE A.

Du Grand-Livre.

Le Grand-Livre est ainsi nommé, parce qu'il est généralement plus grand que tous les autres. On le nomme aussi *Extrait ou livre de raison*, et ce dernier titre me paraît mieux lui convenir, sous tous les rapports, puisque c'est à lui seul qu'on a recours s'il s'agit de voir la situation d'un compte.

Il n'y règne pas, en apparence, la même régularité qu'au Journal; mais, avec la plus légère inspection, cette irrégularité disparaît.

Ce livre est folioté.

Les comptes sont ouverts par débit et par crédit.

La page à gauche renferme tous les débits qui sont portés par date, les uns à la suite des autres.

La page à droite reçoit tous les crédits suivis, ainsi que les débits par ordre de dates.

En tête de chaque folio on écrit le nom du sujet du compte; au-dessus de la première colonne des sommes à gauche le mot *doit;* et sur la même colonne à droite, le mot : *avoir.* Cela s'appelle *ouvrir un compte.*

Les noms du sujet des comptes ainsi que les mots : DOIT , AVOIR doivent être écrits en gros caractères.

La distribution du compte dans ce livre est arbitraire; cependant les teneurs de livres tiennent à ce qu'on ouvre les cinq comptes généraux aux cinq premiers folios, et ensuite les comptes particuliers, en les faisant suivre sans jamais rétrograder, attendu, disent-ils, qu'un compte ouvert en mars 1824, par exemple, ne doit pas figurer au folio 50, tandis qu'un autre compte, qui aura été ouvert en janvier de la même année, sera porté au folio 60.

Cette distribution a quelque chose de bon : ce quelque chose est de ne pas permettre qu'un compte rétrograde, puisque cette marche n'est pas naturelle. Aussi ne s'en sert-on que lorsqu'on a taillé trop en grand dans la distribution des comptes, et seulement pour économiser.

Il sera difficile, je crois, de trouver un moyen pour ne pas perdre du papier au Grand-Livre; mais en supposant que ce moyen existe, jusqu'au moment où il sera découvert, employons la méthode qui économise le plus.

Je vais essayer de tracer celle que je me suis créée à cet égard. Je me suis dit : les livres à parties doubles me font connaître qu'il n'y a jamais de créancier sans débiteur, et réciproquement de débiteur sans créancier. Chacun des articles formés au Journal pour être rapportés au Grand-Livre renferme toujours le débit d'un ou de plusieurs comptes, et le crédit d'un ou de plusieurs autres comptes. J'ai remarqué que les cinq comptes généraux étaient établis pour être continuellement la contre-partie des comptes particuliers, quelque multipliés qu'ils soient; j'en ai tiré la conséquence que les cinq comptes généraux devaient tenir au Grand-Livre autant de place, ou du moins peu s'en faut, que tous les comptes particuliers ensemble. S'il en est ainsi, la moitié du Grand-Livre, tel grand qu'il soit, servira pour les cinq comptes généraux. Il ne me restera plus qu'à fixer le besoin proportionnel de chacun de ces comptes.

Ainsi, supposons qu'un Grand-Livre ait 400 folios, j'en destine 200 pour les comptes généraux que je distribue comme suit :

Caisse.	60 folios.
Marchandises.	60.
Effets à recevoir.	30.
Effets à payer.	25.
Profits et Pertes.	15.
Total.	190.

Il me reste encore 10 folios que je réserve, soit pour le compte de Frais généraux ou particuliers, soit pour les Dépenses générales ou tel autre compte auxiliaire des comptes généraux.

Je destine le premier folio du Grand-Livre pour le compte Capital, le compte de Balance annuelle, les Immeubles, s'il y en a, et les Meubles : un seul folio suffit pour ces quatre comptes, attendu leur peu de mutations.

Comme on ne travaille pas avec autant de facilité, au commencement ni à la fin d'un livre volumineux, qu'on travaille au milieu, j'ai pensé qu'on pouvait ouvrir les cinq comptes généraux dans l'ordre que je viens de tracer aux folios ci-après indiqués, en leur donnant toujours le même nombre de folios.

La Caisse. . . . . . au f° 101.
Les Marchandises. . . au f° 161.
Les Effets à recevoir. . au f° 221.
Les Effets à payer. . . au f° 256.
Et Profits et Pertes. . au f° 271.

D'après cette division, les comptes particuliers seraient ouverts à commencer du folio premier jusqu'au folio 100 ; et, lorsque ces folios seraient remplis, on passerait au folio 301, soit à l'époque d'une balance, soit partiellement au fur et à mesure que les comptes se multiplieraient.

Le Grand-Livre renferme, ainsi que le Journal, toutes les opérations faites par les négocians ; la seule différence qui existe entre ces deux livres, c'est que le Journal donne, en suivant les dates et sans interruption, les débits et les crédits, sans jamais présenter aucun résultat ; tandis que le Grand-Livre au contraire, par sa nature et sa disposition, sert à classer toutes les opérations renfermées dans le Journal de quelque genre qu'elles soient.

Des préparations indispensables avant d'ouvrir un Compte au Grand-Livre.

Dès qu'on a un compte à ouvrir au Grand-Livre, il faut porter d'abord le nom du sujet du compte au répertoire, examiner ensuite dans le Grand-Livre le folio qu'on peut affecter à ce compte, et l'écrire à la suite du nom au répertoire ; cela fait, placer le folio au Journal sur le filet en marge, à côté de la petite colonne destinée à recevoir les dates précises des articles. En suivant cette méthode, qui est, selon moi, simple et naturelle, on n'est pas exposé à ouvrir les comptes deux fois, comme par la méthode que quelques teneurs de livres pratiquent en ouvrant des comptes au Grand-Livre avant de les avoir portés au répertoire.

Rapporter au Grand-Livre, c'est porter au débit ou au crédit d'un compte les articles que l'on trouve au Journal. Ainsi, par exemple, première page du Journal A, le premier article est celui-ci : *Divers à Balance d'entrée.*

Ces divers, ainsi qu'on le voit à la tête du Journal, sont : Caisse,

Marchandises, Effets à recevoir, Simon de Beauvais, Masson de Cherbourg, Cousin de Laval, Immeubles et Meubles.

Après avoir mis au Journal le folio où chaque compte est ouvert au
Grand-Livre, je porte au débit de la caisse folio 3, ce qui, suivant le
bordereau d'inventaire, restait en *icelle* au premier janvier, et cela, en
opérant comme suit : dans la première colonne l'année 1825, à la suite
le mois *janvier*, et puis, entre les deux lignes à l'encre ; le quantième 1.
Dans la colonne qui suit la date j'indique de cette manière le compte
qui reçoit le crédit : *à Balance d'entrée ;* le détail de l'article remplit la
case qui suit. La première des deux petites colonnes reçoit la page du
Journal d'où les articles sont pris ; la seconde le folio du compte qui reçoit le crédit, et enfin le montant de l'article rapporté, dans la première
colonne propre à recevoir les sommes. Je réserve la double colonne des
sommes pour y faire suivre la totalité du débit.

Tout ce que je viens de dire par rapport à ce premier article de caisse
peut s'appliquer à tous les articles en général qui doivent figurer au débit
ou au crédit d'un compte ; le seul changement à faire, quand c'est au
crédit d'un compte que l'on rapporte un article, c'est qu'il faut, au lieu
de mettre comme ci-dessus, *à Balance d'entrée*, mettre ; *par Balance
d'entrée.*

On remarquera que, lorsque le débit d'un compte est donné par plusieurs
créanciers, et réciproquement le crédit par plusieurs débiteurs, au lieu
d'indiquer dans la colonne le folio des comptes qui reçoivent le débit ou
le crédit, ce qui est impossible, j'y mets en place un zéro.

F° 1. **Doit.**

Date		Désignation	F°		
		——— BALANCE D'ENTRÉE. ———			
1825. Janvier.	1	à Divers.	0	120258	65
		——— IMMEUBLES. ———			
1825. Janvier.	1	à Balance d'entrée, ma maison	1	50000	»
		——— MEUBLES. ———			
1825. Janvier.	1	à Balance d'entrée, p.r ceux à mon usage	1	4000	»
Février.	29	à Caisse, pour un bureau	3	500	»
				4500	»
		——— BALANCE DE SORTIE. ———			
1825. Février.	29	à Balance de sortie	9	95102	04

Avoir. F.º 1.

Date		Désignation				
1825. Janvier.	1	Par divers, ...			120258	65
1825. Février.	29	Par Balance de sortie.	9	9	50000	»
1825. Février.	29	Par Balance de sortie.	9	9	4500	»
1825. Janvier.	1	Par Balance d'entrée, p.ᵈ le net de mon actif.	1	1	93697	15
Février.	29	Par Profits et pertes , bénéᶜᵉˢ depuis l'inᵗᵉ.	8	5	1404	89

95102 04

F° 2.　　AVOIR　　　　　　　　　**Doit.**

—————— SIMON, DE BEAUVAIS. ——————

1825. Janvier.	1	à Balance d'entrée,	pᵉ arrᵗé du cᵗᵉ 27 écᵗᵉ	1	1	473	60		
«	3	à Marcˢᵉˢ génˡᵉˢ,	facture à divers, 6 m/.	2	4	550	»		
«	25	à　　d°	facture à　　d°. . . .	5	4	4714	20	5937	80
Février.	29	à Marcˢᵉˢ génˡᵉˢ,	mes facᵗʳᵉˢ à 2 et 3 m/.	8	4	10322	50		

—————— MASSON, DE CHERBOURG. ——————

1825. Janvier.	1	à Balance d'entrée,	ma fact. du 15 écoulé.	1	1	501	65		
«	4	à Marcˢᵉˢ génˡᵉˢ,	facture à 2 m/.	2	4	4720	»		
«	25	à　　d°	facture au 15 février.	5	4	6820	»	12041	05
Février.	29	à Marcˢᵉˢ génˡᵉˢ	mes factures à divers.	8	4	6608	50		

—————— COUSIN, DE LAVAL. ——————

1825. Janvier.	1	à Balance d'entrée,	pᵉ reste de compte. .	1	1	13	50		
«	5	à Marcˢᵉˢ génˡᵉˢ	facture vin à 5 m/. .	4	4	1485	»		
«	25	à　　d°	mes factures à divers.	5	4	13285	»	14783	50
Février.	27	à Marcˢᵉˢ génˡᵉˢ	facture à 5 m/.	8	4	1422	50		

Avoir.   F° 2.

1825.									
1825. Janvier.	3	Par Effets à recev^r, les n°s 4 et 5o	1	5	473	60		
»	25	Par d°, deux effets	5	»	3107	10		
»	»	Par Caisse, le solde	6	3	2357	10	5937	80
Février.	29	Par Balance de sortie	9	9	10322	5o		
1825. Janvier.	4	Par Effets à recev^r, le n° 6	1	5	5o1	o5		
»	16	Par Caisse, reçu de Collon	4	3	1485	»		
»	»	Par Effets à recev^r, les n°s 12, 13 et 14	»	5	3235	»		
»	25	Par d°, le n° 21	5	»	6820	»	12041	o5
Février.	29	Par Balance de sortie	9	9	6608	5o		
1825. Janvier.	5	Par Effets à recev^r, le n° 7	1	5	13	5o		
»	17	Par Roussel, d'Abbeville, s/ traite au 5 avril	4	7	1485	»		
»	25	Par Effets à recev^r, 3 Effets	5	»	11756	65		
»	»	Par Caisse, Écus pour solde	6	3	1528	35	14783	5o
Février.	29	Par Balance de sortie	9	9	1422	5o		

F° 3.   AVOIR   **Doit.**

CAISSE.

1825. Janvier.	1	à Balance d'entrée, Bordereau d'inv.	»	»	8650	50
»	5	à Divers.	2	0	3344	26
»	10	à dito.	5	0	90	55
»	15	à Effets à payer, reçu de Duval cie le N° 17.	3	5	7495	»
»	20	à Masson, Cherbourg, r. de Collon.	4	2	1485	»
»	20	à Marc.ses gén.les, pour vente comptant.	5	4	5565	»
»	25	à Divers.	6	0	3885	45	30455 76
Février.	5	à dito.	7	0	2205	»
»	29	à Effets à recev.r, le N° 26.	8	5	6803	15	39463 91

SAGNEL et Cie, CARPENTRAS.

1825. Février 20	à Caisse, pour acquit de leur m/.	7	3	132	20

MARCHANDISES GÉNÉRALES.

1825. Janvier.	1	à Balance d'entrée, suivant l'invent.	1	1	52520	»
»	5	à Divers.	2	0	4799	18
»	15	à dito.	4	0	14507	10	76736 28
Février.	5	à dito.	6	0	12776	40
»	10	à Sagnel et comp. Carpentras, leur facture.	7	3	132	20	89644 88
»	29	à Profits et pertes, bénéfices d'inventaire.	8	5	2849	29	92494 17

Avoir.   F° 3.

1825			Désignation			Montant		Total	
1825. Janvier.	5	Par Divers.		3	6	5015	30		
»	7	Par Effets à recevoir, les Nos 9, 10 et 11.		3	6	5745	50		
»	10	Par Effets à payer, le N° 2.		»	»	4000	»		
»	20	Par Effets à recevoir, cre les Nos 15, 16 et 17.		4	»	5920	»		
»	»	Par Effets à payer, escompté le N° 1.		5	5	7460	»		
»	25	Par dito. payé le N° 4.		6	5	307	»		
»	31	Par Divers.		6	6	1069	80	25515	60
Février,	5	Par Richard, prêté.		7	9	1000	»		
»	20	Par Saguel et cie, Carpentras, payé leur m/.		7	3	132	20		
»	29	Par Divers.		»	0	1099	65	27747	45
»	»	Par Balance de sortie.		9	9	11716	46	39463	91

| 1825. Février. | 10 | Par Marchandises génles, leur facture. | | 7 | 4 | 132 | 20 | | |

1825. Janvier.	5	Par Divers.		2	0	8517	52		
»	16	Par dito.		3	0	25437	50		
»	20	Par Caisse.		5	3	5505	»		
»	25	Par Divers.		5	0	24819	20	64279	22
Février.	29	Par dito.		8	0	23563	95	87843	17
»	»	Par Balance de sortie.		9	9	4651	»	92494	17

Fº 4.   **Doit.**

—— EFFETS A RECEVOIR. ——

Date		Jour	Libellé		Fº	Fº				
1825. Janvier.			à Balance d'entrée,	Nº 1 à 3.	1	o	4100	»		
»		5	à Divers,	Nº 4 à 7.	1	o	988	15		
»		10	à dito.	Nº 8 à 11.	3	o	4526	76		
»		20	à dito.	Nº 12 à 17.	4	o	9235	»		
»		25	à dito.	Nº 18 à 23.	5	o	21683	75	40533	66
Février		5	à dito.	Nº 24 à 25.	6	o	3500	»		
»		29	à Noël, de Cherbourg,	Nº 26.	7	8	6803	15	50836	81

—— EFFETS A PAYER. ——

Date		Jour	Libellé		Fº	Fº				
1825. Janvier.		5	à Caisse,	payé le Nº 3.	3	3	3000	»		
»		10	à dito.	payé le Nº 2.	»	»	4000	»		
»		20	à Divers,	escompté le Nº 1.	5	o	7500	»		
»		25	à Caisse,	payé le Nº 4.	6	3	307	»	14807	»
Février.		29	à Balance de sortie.	. . . .	9	9	22834	30	37631	30

—— PROFITS ET PERTES. ——

Date		Jour	Libellé		Fº	Fº				
1825. Janvier.		5	à Effets à recevoir,	escᵗᵉ des Nºˢ 1 et 2.	2	5	37	»		
»		15	à Effets à payer,	escompte du Nº 7.	3	5	105	»		
»		31	à Caisse,	pʳ dépenses du mois.	6	3	925	80	1067	80
Février.		29	à Noël, de Cherbourg,	cᵒⁿ et port de lettres.	7	3	16	85		
»		»	à Caisse,	payé pour divers.	7	3	599	65	1684	30
»		»	à Compte capital,	bénéfice d'inventaire.	9	1	1404	89	3089	19

Avoir.　　Fo 4.

Date			Désignation					
1825. Janvier.	5	Par Langlois, d'Elbeuf, les Nos 4, 5 et 6.	2	6	974	65		
»	»	Par Gaudinot, d'Orléans, le No 3. . . .	»	»	1500	»		
»	»	Par Caisse, les Nos 1 et 2 esctés.	»	3	2563	»		
»	»	Par Profits et Pertes, pte sur les Nos 1 et 2.	»	5	37	»		
»	7	Par Caisse, encaissé le No 7. .	3	3	13	50		
»	20	Par Vernet et cie, de Baux, les Nos 10 et 11.	5	8	745	50		
»	31	Par Divers, 5 effets. . . .	6	0	7344	15	13177	80
Février.	10	Par Noël, de Cherbourg, le No 21. . .	7	8	6820	»		
»	29	Par Caisse, le No 26. . .	»	3	6803	15	26800	95
»	»	Par Balance de sortie.	9	9	24035	86	50836	81

Date			Désignation					
1825. Janvier.	1	Par Balance d'entrée, Nos 1 à 4. .	1	1	14807	»		
»	5	Par Langlois d'Elbeuf, le No 5. . .	2	6	1300	40		
»	15	Par Divers, le No 6 escté.	3	0	7600	»		
»	20	Par Vernet et cie, de Bord., les Nos 7 et 8.	5	0	2080	»	25787	40
Février.	5	Par Vincent, de Paris, le No 9. . .	7	9	590	»		
»	15	Par Barat, de S.-Florentin, les Nos 10 à 12.	»	8	11263	90	37641	30

Date			Désignation					
1825. Janvier.	7	Par Caisse, escte des Nos 9, 10 et 11.	3	3	77	05		
»	20	Par dito. escte des Nos 15, 16 et 17.	4	»	80	»		
»	»	Par Effets à payer, escompte du No 1. . . .	5	5	40	»	197	05
Février.	29	Par Langlois, d'Elbeuf, prompt paiemt. .	8	6	42	85	249	90
»	»	Par March. génles, bénéfice depuis l'invre.	8	4	2849	29	3089	19

F° 5.   Doit.

LANGLOIS, d'Elbeuf.

1825. Janvier.	5	à Divers.	2	0	2275	05		
Février.	29	à Profits et pertes, pr prompt paîement.	8	5	42	85		
»	»	à Marchand. génles, mes factures 27 et 29.	8	4	1975	»	4292	90

GILON, de Paris.

1825. Janvier.	2	à Caisse, payé son mt. pour solde.	3	3	13	30	

GAUDINOT, d'Orléans.

1825. Janvier.	5	à Effets à recevoir, N° 3, sur Nantes.	2	5	1500	»		
»	9	à Marchandises génles, facture à drap. .	3	4	16800	»	18300	»

SARLERAND, de Paris.

1825. Janvier.	3	à Marchandises générales, facture à huile.	2	4	1562	52		
»	7	à dito facture à 3 ms.	3	4	4217	50	5780	02

Avoir. F° 5.

Date		Désignation						
1825. Janvier.	1	Par Balance d'entr., sa fact.^{re} du 5 déc. à 6 m.	1	1	3500	40		
Février.	29	Par Balance de sortie, reste de compte. .	9	9	792	5o	4292	9o

Date		Désignation						
1825. Janvier.	1	Par Balance d'entrée, reste de compte. .	1	1	13	3o		

Date		Désignation						
1825. Janvier.	1	Par Balance d'entrée, p.^r c.^{te} arrêté le 25 exp.	1	1	8240	8o		
Février.	29	Par Balance de sortie.	9	9	10b59	20	18300	»

Date		Désignation						
1825. Janvier.	5	Par Caisse, reçu en compte. .	2	3	781	26		
»	10	Par Effets à recevoir, le N° 8.	3	5	781	26	1562	52
Février.	5	Par Marchand. gén.^{les}, sa facture. . . .	6	4	1512	5o		
»	»	Par Effets à recevoir, le N° 24.	»	5	2000	»		
»	»	Par Caisse, reçu pour solde. .	7	3	705	»	5780	o2

F° 6.   **Doit.**

——————— BENOIT, D'Uzès. ———————

1825. Janvier.	8	à Marchandises gén^{les}, facture à 2 mois.	3	4	1120	»		
»	31	à Caisse, payé son mandat.	6	3	144	»	1264	»

——————— ROUSSEL , D'Abbeville. ———————

1825. Janvier.	8	à Marchandises gén^{les}, facture à 3 mois.	3	4	3300	»		
»	17	à Cousin, de Laval, sa traite au 5 avril.	4	2	1485	»		
»	31	à Effets à recevoir, 2 effets.	6	5	1875	73	6660	73
Février.	29	à Marchandises gén^{les}, ma facture. . .	8	4	1784	45	8445	18

——————— VERNET et Comp^{ie}. ———————

1825. Janvier.	18	à Divers.	5	0	2825	50		
»	31	à Effets à recevoir, les N°s 13 et 16. .	6	5	3940	07	6765	57
Février.	29	à Marchandises gén^{les}, ma facture. . .	8	4	151	»	6916	57
»	»	à Balance de sortie.	9	9	3854	18	10770	75

——————— VALMONT , de Bernot. ———————

1825. Janvier.	31	à Effets à recevoir, le N° 18. . . .	6	5	1528	35		
Février.	29	à Marchandises gén^{les}, ma facture vin. .	8	4	1300	»		
»	»	à Balance de sortie.	9	9	908	»	3736	35

Avoir. F° 6.

1825. Janvier.	3	Par Marchand. gén^{la}, sa facture, huile.	2	4	1264	»
1825. Janvier.	3	Par Marchand. gén^{la}, sa facture à 3 mois.	2	4	8445	18
1825. Janvier.	15	Par Marchand. gén^{la}, 2 factures à 6 m/.	4	4	10770	75
1825. Janvier.	15	Par Marchand. gén^{la}, sa facture fin cour^t.	4	4	3736	35

Fº 7.   AVOIR   **Doit.**

———— BARRAT , DE SAINT-FLORENTIN. ————

1825. Février.	11	à Effets à recevoir, les Nº 10, 11 et 12.	7	5	1263	90

———— NOEL , DE CHERBOURG. ————

1825. Février.	7	à Effets à recevoir, le Nº 21.	7	5	6820	»

———— DESMOULINS. ————

1825. Février.	29	à Balance de sortie.	9	9	1500	»

———— VINCENT. ————

1825. Février.	4	à Effets à payer, le Nº 9. . . .	7	5	590	»

Avoir.   F° 7.

Date		Désignation			
1825. Février.	4	Par Marchand. gén⁽ᵉˢ⁾, sa facture. . . .	6	4	11263 90
1825. Février.	29	Par Divers.	7	0	6820 »
1825. Février.	5	Par Effets à recevoir, le N° 25. . . .	6	5	1500 »
1825. Février.	29	Par Balance de sortie.	9	9	590 »

Fº 8. AVOIR **Doit.**

——— RICHARD. ———

1825. Février.	5	à Caisse, pour écus		7	3	1000

——— PIAT. ———

1825. Février.	29	à Balance de sortie.	9	9	1500	»

——— BALANCE DE SORTIE. ———

1825. Février.	29	à Divers	8	10	125698	52

Avoir.   F° 8.

1825. Février.	29	Par Balance de sortie.	9	9	1000	»
1825. Février.	5	Par Caisse , en écus.	7	3	1500	»
1825. Février.	29	Par Divers.	9	0	125698	52

Avoir.

1846. Mars. 29	Par balance de sortie			
1846. Janvier. 5				
1846. Novembre. 27				

RÉPERTOIRE

DU

GRAND-LIVRE A ET B.

Le répertoire du Grand-Livre renferme, par ordre alphabétique, les noms, prénoms et lieux de résidence de tous les comptes particuliers en outre des comptes généraux, ensuite les folios où tous ces comptes sont ouverts. Quelques personnes le font mettre à la suite du Grand-Livre, tandis que d'autres le font faire séparément : je préfère cette dernière méthode ; on s'en sert plus facilement. On le divise de plusieurs manières, la plus généralement suivie est celle que j'ai adoptée ; d'ailleurs, quoique le répertoire ait son utilité, il est de si peu d'importance dans la comptabilité, que, de quelque manière qu'on le tienne, il sera toujours bien tenu.

A.		
B.		
Balance d'entrée.		1
Benoit.	D'Uzès.	7
Barat.	Saint-Florentin.	8
Balance de sortie.		9
C.		
Caisse.		3
Cousin.	Laval.	2
Compte capital.		1
D.		
Desmoulins.	Paris.	9
E.		
Effets a recevoir.		5
Effets a payer.		5
Eripé et compagnie.	Rouen.	10
F.		
G.		
Gilon.	Paris.	6
Gaudinot.	Orléans.	6
H.		
I.		
Immeubles.		1
J.		
K.		
L.		
Langlois.	Elbeuf.	6

M.

Marchandises générales.		4
Masson.	Cherbourg.	2
Meubles.		1
Marchandises de Cte à 1/3 avec Sarlerand et B.		4

N.

Noel.	Cherbourg.	8

O.

P.

Profits et pertes.		5
Piat.	Paris.	9

Q.

R.

Roussel.	Abbeville.	7
Richard.	Paris.	9

S.

Simon.	Beauvais.	2
Sarlerand.	Paris.	7
Sagnel et compagnie.	Carpentras.	3

T.

U.

V.

Vernet et compagnie.	Bordeaux.	8
Valmont.	Bernay.	8
Vincent.		8

X.

Y.

Z.

BALANCE DU MOIS DE JANVIER 1825.

Fol.	DOIT		AVOIR	
I	50000	»	93697	15
»	4000	»	»	»
3	30455	76	25515	60
4	76736	28	64279	22
5	40533	66	13177	80
»	14807	»	25787	40
»	1067	80	197	05
6	2275	05	3500	40
»	18300	»	8240	80
7	4217	50	»	»
»	6660	73	8445	18
8	6765	57	10770	75
»	1528	35	3736	35
	257347	70	257347	70

Je considère cette balance comme un travail préparatoire et abréviatif pour la balance générale qu'un commerçant est obligé de faire au moins une fois par an. L'exécution en est simple et facile.

Il faut faire l'addition des débits de tous les comptes ouverts au Grand-Livre, et en porter les montans par ordre dans la première colonne, en indiquant préalablement, entre les deux lignes qui se trouvent en marge, le folio du sujet du compte; faire la même opération sur les crédits; ensuite faire l'addition de tous les débits et de tous les crédits que vous avez portés sur cette balance, et, s'ils vous donnent la même somme au total, vous êtes assurés que les opérations du mois sont bien rapportées.

On pourrait donner une plus grande extension à cette balance, si la multiplicité des comptes et des affaires n'était pas trop considérable. Pour cela, il faudrait faire l'addition au bas de chaque page du Journal, et rapporter le montant à la page suivante pour le faire passer aux autres, et l'arrêter à la fin de chaque mois. Ce total représenterait la masse des affaires que le négociant aurait faites dans le courant d'un mois; faire suivre ensuite le produit de ce mois avec les opérations subséquentes, de façon que le total mis au bas de chaque page représente toutes les opérations que le négociant a faites depuis l'époque du dernier Inventaire.

Mais ce moyen de contrôler la balance de chaque mois devient illusoire, si, dans l'intervalle d'un Inventaire à un autre Inventaire, vous soldez seulement un compte au Grand-Livre ; et cette raison est facile à concevoir.

Si, au sixième mois, par exemple, le Journal représente (et il la représente réellement) la masse de toutes les opérations faites pendant ce laps de temps, et que vous ayez fait disparaître ou soldé à votre Grand-Livre, trois, quatre ou cinq comptes pendant cet intervalle, les sommes comprises dans ces trois, quatre ou cinq comptes, manqueront pour établir votre balance.

Je conclus que, si l'on veut faire les additions du Journal, et ne pas les faire inutilement, il faut s'abstenir de solder au Grand-Livre aucun compte jusqu'au moment où l'on est prêt à faire l'inventaire.

C'est à la sagacité des teneurs de livres que je laisse le choix des moyens ; mais j'ai supposé cette courte digression nécessaire pour faire connaître le motif qui m'a fait négliger les additions du Journal.

On peut remarquer dans cette balance que, si l'on ôtait du débit total des marchandises, celles qui faisaient partie de l'Inventaire, on aurait pour reste 24,216 fr. 28 c., montant de celles achetées pendant le mois de janvier ; par la même raison, le crédit des marchandises représentera toujours le montant du livre des ventes.

Le débit du compte d'effets à recevoir sera égal au montant de ceux portés à ce livre et arrêtés chaque mois.

Le crédit du compte d'effets à payer représentera le total arrêté de ceux mis en circulation durant le mois.

La différence du crédit au débit de la caisse doit être égale aux espèces sonnantes qui restent en caisse ; et la différence qui sert à balancer le compte forme le premier article du mois suivant, en indiquant seulement : *pour ce qui restait en caisse, etc., etc.* ; mais ceci ne regarde que le livre de caisse. Ce compte au Grand-Livre ne doit être soldé qu'à l'époque de l'Inventaire.

Il s'ensuit de tout ce qui vient d'être dit, que, si l'on trouve quelque erreur, en faisant la balance mensuelle, elle ne peut venir que des comptes particuliers, et c'est ceux-là seulement qu'on a besoin de vérifier.

BALANCE GÉNÉRALE DU 29 FÉVRIER 1825.

Etat des Effets à recevoir restant en portefeuille le 29 février 1825.

	N^os.	ÉCHÉANCES.	SOMMES.	
(1)	8	13 Février....	781	26
	9	7 Mai.....	3000	»
	12	15 Mars.....	947	50
	15	17 *dito*.....	3000	»
	17	17 Mai.....	1000	»
	20	15 Mars.....	2357	10
	22	25 Avril....	8700	»
	23	Fin Juin....	750	»
	24	15 *dito*.....	2000	»
	25	15 Juillet.....	1500	»
		TOTAL...	24035	86

Etat des Effets à payer restant en circulation le 29 février 1825.

	N^os.	ÉCHÉANCES.	SOMMES.	
	5	15 Mars.....	1300	40
	6	8 Avril.....	7600	»
	7	15 *dito*.....	1740	»
	8	15 Mai.....	340	»
	9	10 *dito*.....	590	»
	10	10 Avril....	3754	65
	11	25 Mai.....	3754	65
	12	25 Juin.....	3754	60
		TOTAL...	22834	30

(1) Ce numéro n'a été encaissé que le 2 mars. *Voyez* la caisse de ce jour.

ÉTAT des marchandises en magasin le 29 février 1825, avec l'évaluation de chacune d'elles, suivant le cours de ce jour.

Nos.	DÉSIGNATION ET QUALITÉS DES MARCHANDISES.	QUANTITÉS.	PRIX. f. c.	SOMMES.	
20	Thérébentine de Bordeaux.	10 pièces	60 »	600	»
21	10 barils Galipot pesant chaque 91 kilog.	910 kilog.	35 o/o	318	50
22	10 pièces Toile tirant chacune 80 mèt.	800 mèt.	3 »	2400	»
25	5 dito dito écrue 3/4 82 mèt.	410 mèt.	3 25	1332	50
			Total.	4651	»

BALANCE DE SORTIE DU PRÉSENT LIVRE *DOIT*				BALANCE DE SORTIE DU PRÉSENT LIVRE *AVOIR*			
Aux sous-nommés, pour les sommes dont ils restent débiteurs, chacun à leur compte nouveau pour solde de leur compte ancien.				Aux sous-nommés, pour les sommes dont ils restent créditeurs, chacun à leur compte nouveau pour solde de leur compte ancien.			
	f°				f°		
à Immeubles.	1	50000	»	Par Compte capital.	1	95102	04
à Meubles.	1	4500	»	Par Effets à payer.	5	22834	30
à Simon, de Beauvais.	2	10322	50	Par Vernet et comp., de Bordeaux.	8	3854	18
à Masson, de Cherbourg.	2	6608	50	Par Valmont, de Bernay.	8	908	»
à Cousin, de Laval.	2	1422	50	Par Desmoulins, de Paris.	9	1500	»
à Caisse.	3	11716	46	Par Piat, de Paris.	9	1500	»
à Marchandises générales.	4	4651	»				
à Effets à recevoir.	5	24035	86				
à Langlois, d'Elbeuf.	6	792	50				
à Gaudinot, d'Orléans.	6	10059	20				
à Vincent, de Paris.	9	590	»				
à Richard, de Paris.	9	1000	»				
		125698	52			125698	52

Les négocians qui veulent connaître leur vraie position, ne peuvent atteindre ce but qu'en faisant une balance générale de tous les effets, tant actifs que passifs. Nous avons déjà quelques connaissances pour y procéder, si nous nous rappelons des principes qui ont été donnés, en tête de ce cours, pour faire l'Inventaire-général.

La balance générale se nomme arbitrairement, *Balance annuelle*, *Inventaire général* ou *Bilan*.

Ces dénominations, quoique différentes, n'ont pourtant qu'un seul et unique but, celui de faire connaître au négociant le gain ou la perte qu'il a fait depuis le dernier Inventaire; enfin, sa situation présente.

Je considère la balance générale comme un article du Journal, où je vois figurer au débit un seul débiteur, qui est ici la balance elle-même, contre un nombre indéterminé de créanciers.—Et au crédit, un seul créancier, qui est encore la balance, contre un nombre aussi indéterminé de débiteurs.

Quand je lis dans l'intitulé de cet état : balance de sortie du présent livre, doit aux sous-nommés, pour les sommes dont ils restent débiteurs, chacun à leur compte nouveau pour solde de leur compte ancien, je m'aperçois, sans peine, que la balance est un compte fictif que j'ai créé pour lui faire prêter, pour un moment, de quoi solder tous mes comptes au Grand-Livre : puisque le même jour où le lendemain, si vous voulez, je lui rends tout ce que je lui avais emprunté la veille, et je me fais rendre tout ce que je lui avais prêté pour solder les comptes de mes créanciers. Par cette dernière opération, tous les comptes redeviennent ce qu'ils étaient avant la balance de sortie.

Si la loi réclame des négocians, au moins une balance générale par an, elle ne leur interdit pas la faculté d'en faire une tous les six et même tous les trois mois.

L'excès de prévoyance n'est jamais un défaut.

Des Préparations nécessaires aux approches d'une Balance générale.

On doit faire, le mois qui précède la balance, une vérification générale des comptes ouverts au Grand-Livre, arrêter tous ceux qui se trouvent soldés, solder ceux qui ne donnent plus aucun espoir de recouvrement, en suivant le principe déjà émis dans l'instruction de l'Inventaire général du premier janvier 1825.

Ensuite, le jour fixé pour la balance, arrêter tous les comptes, en portant vis-à-vis de la somme qui sert à égaler le débit, et sur la même ligne, ces mots : *par balance de sortie* ; et, vis-à-vis de la somme qui sert à égaler le crédit, ceux-ci : *à balance de sortie.*

Les comptes généraux sont seuls exceptés de cette règle.

Dès que ce travail est fini, il faut disposer une feuille de papier, ou une plus grande quantité, s'il en est besoin, par débits et par crédits, ainsi qu'est disposée la balance d'autre part, y porter tous les comptes du Grand-Livre, en suivant du premier au dernier folio ; porter au débit ou au crédit de chaque compte la somme qui est mise pour balance.

De ce qu'il est urgent de faire pour solder les comptes généraux.

Quand la balance est dressée, que les débiteurs, les créditeurs et les sommes qui les concernent y sont portés, on prend :

1° Le livre de caisse, et quand on a acquis la certitude qu'il cadre avec ce compte au Grand-Livre, on le solde par le même moyen employé pour les comptes particuliers, en portant au crédit la somme qui reste en caisse, précédée de ces mots : *Par balance de sortie.*

2° On fait un état général des marchandises en magasin, qu'on évalue au cours du jour, et, après qu'il est arrêté, on en met le montant au crédit du compte de marchandises générales, pour, avec celles qui y sont déjà portées, en faire un seul total ; puis on cherche la différence qui existe entre le crédit et le débit de ce compte, et cette différence représente le bénéfice qu'on a fait depuis l'Inventaire. Ici ce bénéfice se trouve être de 2,849 fr. 29 c. Je forme un article de cette somme au Journal pour débiter marchandises générales à profits et pertes, pour les bénéfices faits depuis le dernier Inventaire.

Il est inutile de faire remarquer que, si le débit des marchandises se trouvait plus fort que les ventes faites dans l'intervalle d'un Inventaire à un autre, réunies aux marchandises restant en magasin, la différence représenterait la perte qu'aurait faite le négociant.

3° On dresse un état des effets en portefeuille, et le total, étant porté au crédit du compte d'effets à recevoir pour balance, réunis aux effets déjà encaissés ou passés à des correspondans, doivent donner la même somme qu'au débit; bien entendu que, s'il y avait une différence, quelque minime qu'elle fût, ce serait une erreur qu'il faudrait chercher (1).

4° Dresser un pareil état que celui dont on vient de parler, de tous les effets restant en circulation, porter le montant au débit de ce compte au Grand-Livre, pour, avec ceux qui ont déjà été payés, faire le montant du crédit (2).

5°. Enfin profits et pertes. Ce compte est le dernier qu'on arrête.

Si le débit de ce compte est plus fort que le crédit, on a perdu, et cette perte est la différence qu'il y a du crédit au débit. Si, au contraire, le crédit surpasse le débit, alors la différence qui existe est le gain qu'on a fait depuis l'Inventaire.

La différence qu'elle présente, le gain ou la perte, est toujours portée au compte capital.

On forme un article au Journal pour solder ce compte, ainsi que je l'ai pratiqué le 29 février pour le gain qu'on a fait depuis l'Inventaire.

Toutes les sommes formant la balance des comptes généraux étant portées à la balance générale, la masse des débits de cette dernière doit être pareille à celle des crédits; toujours par la même raison qu'on ne passe jamais une somme au débit d'un compte, sans qu'une pareille somme soit passée au crédit d'un autre ou de plusieurs comptes.

---

(1) Le compte d'effets à recevoir étant débité de tout ceux qui entrent en portefeuille, il est clair que ceux qui restent au moment d'un Inventaire, et ceux qui ont été encaissés ou passés à ordre, doivent représenter une somme pareille.

(2) Le compte d'effets à payer étant crédité de tous les effets mis en circulation, ceux qui sont payés, avec ceux qui restent à payer à l'époque de l'Inventaire, doivent former un même total.

BALANCE D'ENTRÉE AU PRÉSENT LIVRE *DOIT*				BALANCE D'ENTRÉE AU PRÉSENT LIVRE *AVOIR*			
Aux sous-nommés, pour les sommes dont ils restent crédi-teurs chacun à leur compte nouveau pour solde de leur compte ancien.				Aux sous-nommés, pour les sommes dont ils restent débi-teurs, chacun à leur compte nouveau pour solde de leur compte ancien.			
à Compte capital.	1	95102	04	Par Immeubles.	1	50000	»
à Effets à payer	5	22834	30	Par Meubles.	1	4500	»
à Vernet et comp., de Bordeaux. . . .	8	3854	18	Par Simon, de Beauvais . . .	2	10322	50
à Valmont, de Bernay	8	908	»	Par Masson, de Cherbourg. . . .	2	6608	50
à Desmoulins, de Paris.	9	1500	»	Par Cousin, de Laval.	2	1422	50
à Piat, de Paris.	9	1500	»	Par Caisse.	3	11716	46
				Par Marchandises générales.	4	4651	»
				Par Effets à recevoir.	5	24035	86
				Par Langlois, d'Elbeuf. . .	6	792	50
				Par Gaudinot, d'Orléans.	6	10059	20
				Par Vincent, de Paris.	9	590	»
				Par Richard, de Paris.	9	1000	»
		125698	52			125698	52

JOURNAL B.

1.

		1 Mars 1825.			
	DIVERS à **Balance d'entrée.**				
.1	Immeubles. Ma maison, rue de la Paix, n° 15.	50000	»		
.1	Meubles. Ceux à mon usage.	4500	»		
.2	Simon, de Beauvais. Mes factures des 27 et 29 écoulé.	10322	50		
.2	Masson, de Cherbourg. Mes factures des 27 et 29 écoulé.	6608	50		
.2	Cousin, de Laval. Ma facture du 27 écoulé. . . .	1422	50		
.3	Caisse. Pour écus en icelle.	11716	46		
.4	Marchandises générales. Pour celles en magasin.	4651	»		
.5	Effets à recevoir. Ceux en portefeuille suiv. le bord.	24035	86		
.6	Langlois, d'Elbeuf. Reste de compte.	792	50		
.6	Gaudinot, d'Orléans. Pour l'ancien compte.	10059	20		
.9	Vincent. Pour mon billet n° 9.	590	»		
.9 .1	Richard. Pour écus prêtés le 5 février. . .	1000	»	125698	52
	1				
.1 .1	**BALANCE D'ENTRÉE** à **Divers.**				
	à Compte capital. Pour le net de mon actif. . . .	95102	04		
.5	à Effets à payer. Pour ceux en circul. suiv. le bord.	22834	30		
.8	à Vernet et Comp., de Bordeaux. Pour le solde d'ancien compte. .	3854	18		
.8	à Valmont, de Berney. Pour reste de compte.	908	»		
.9	à Desmoulins. Pour l'effet n° 25.	1500	»		
.9	à Piat. Pour écus empruntés le 5 février.	1500	»	125698	52

———— 5 Mars 1825. ————

.3
.5
CAISSE à Divers.
à Profits et Pertes.
    Pour retard de paiement du n° 8.   ·

.5
à Effets à recevoir.
    Le n° 8 échu le 13 février, encaissé. ·   781 26
Reçu de Bougleux contre les numéros suiv.
    qu'il m'a escomptés.
Sur 3000 f. n° 9, au 7 mai, est⁰ 30 f. » c.   2970 »
  » 1000   17, au 17 *dito*, est⁰ 9   »   991 »
  » 8700   22, au 25 avril, est⁰ 63 50   8636 50
  » 2000   24, au 15 juin, est⁰ 28   »   1972 »   15350 76

  14700   13p 5p

.5
à Effets à payer.
    Reçu de Bougleux contre mon billet
    n° 13, au 5 mai, de 3500 f.   ·   ·   3465 »   18819 76

———— 5 ————

.5
.5
PROFITS ET PERTES à Divers.
à Effets à recevoir.
    Pour est⁰ sur les n°ˢ 9, 17, 22 et 24.   130 50
.5
à Effets à Payer.
    Pour est⁰ sur le n° 13.   ·   ·   ·   ·   ·   35 »   165 50

———— 5 ————

DIVERS à Caisse.

.8
Valmont, de Bernay.
    Pour acquit de son mandat p. solde.   908 »
.4
Marchandises de compte à 1/3, avec Sar-
    lerand, de Paris, et Benoît, d'Uzès.
    Pour mon tiers de l'achat fait par
    moi suiv. détail au livre de fact⁰.   8000 »
    Frais de conduite à la cave.   ·   ·   675 »   8675 »
.7
Sarlerand, de Paris.
    Pour son tiers de l'achat fait par moi.   8000 »
.7
.3
Benoît, d'Uzès.
    Son tiers de l'achat fait ce jour.   ·   8000 »   25583 »

———— 5 ————

.4
.8
MARCHANDISES GÉNÉRALES à
Vernet et Comp., de Bordeaux.
    Montant de leur facture du 28 fé-
    vrier à 6 mois.   ·   ·   ·   ·   ·   ·   3800 »

3.

Fol.						
	— 10 Mars 1825. —					
.4	**MARCHANDISES DE COMPTE** à 1/3 avec Sarlerand, de Paris, et Benoît, d'Uzès, à Divers.					
.3	à Caisse.					
	Payé au tonnellier.			227	»	
.5	à Profits et Pertes.					
	Pour commiss. de vente sur 26,750 f. à 1 p. o/o.			267	50	494	50
	— 10 —					
	DIVERS à Divers.					
.5	Effets à recevoir.					
	Billet Duval, n° 27, au 6 avril.			3085	35	
.3	Caisse.					
	Reçu de Duval, vente comptant.			26750	»	
				29835	35	
.4	à Marchandises générales.					
	Ma facture à Duval.			3070	»	
.4	à Marchandises à 1/3, avec Sarlerand et Benoît.					
	Ma facture.			26750	»	
.5	à Profits et Pertes.					
	Reçu de Duval, retard de paiement, sur facture.			15	35	29835	35
	— 10 —					
.4 .7	**MARCHANDISES DE COMPTE** à 1/3 avec Sarlerand et Benoît, à Divers.					
	à Sarlerand, de Paris.					
	Pour son tiers du net produit de la vente faite à Duval.			8526	83	
.7	à Benoît, d'Uzès.					
	Pour 1/3 du net produit.			8526	83	
.5	à Profits et Pertes.					
	Pour mon tiers de bénéfice.			526	84	17580	50
	— 15 —					
.3 .5	**CAISSE** à Effets a recevoir.					
	Encaissé les n°s 12.			947	50	
	20.			2357	10	3304	60
	— 20 —					
.4 .8	**MARCHANDISES GÉNÉRALES** à Vernet et Comp., de Bordeaux.					
16	Leur facture vin du 11 cour^t à 6 m.					9380	»

4.

		——— 20 Mars 1825. ———							
		DIVERS à **DIVERS.**							
.7	18	Sarlerand, de Paris.							
		Ma facture à 2 mois.	2500	»					
		Compte Éripé et comp., fact. à 2 m.	2253	5o	4753	56			
.7	18	Benoît, d'Uzès.							
		Compte Éripé et comp., fact. à 2 m.			11578	32			
.4					16331	88			
		à Marchandises générales.							
		Ma facture à 2 mois.			2500	»			
.10		à Éripé et Comp., de Rouen.							
		Pour vente faite à Sarleraud et Be- noît, à 2 mois.			13831	88	16331	88
		——— 20 ———							
		DIVERS à **CAISSE.**							
.5	15	Effets à payer.							
		Payé le n° 5.			13oo	4o			
.10	17	Éripé et Comp.ᵉ, de Rouen.							
.3		Payé lettre de voiture à Vidal.	215	4o					
		Payé pour décharg.ᵗ et emmagasin.ᵉ	21	6o	237	»	1537	4o
		——— 20 ———							
.3		**CAISSE** à **EFFETS A RECEVOIR.**							
.5	17	Reçu le n° 15.					3ooo	»
		——— 25 ———							
		DIVERS à **PIAT.**							
.3		Caisse.							
		Reçu en espèces.			35	»			
.10		Profits et Pertes.							
.9		Remise pour solde.			5	»	4o	»
		——— 25 ———							
		DIVERS à **DIVERS.**							
.6	22	Langlois.							
		Compte Éripé et comp., facture à 1 et 2 mois.	5710	4o					
.9	24	Desmoulins.							
		Facture à 3 mois.	165o	»					
.9	25	Piat, de Paris.							
		Ma facture.	154o	»					
.9	25	Vincent, de Paris.							
		Ma facture.	560	»					
.10		à Éripé et Comp., de Rouen.	946o	4o					
		Facture.			5716	4o			
.4		à Marchandises générales.							
		Divers.			375o	»	946o	4o

6

5.

Fol.	Date		Détail						
			——— 31 Mars 1825. ———						
.7 / .3	26		BENOIT, d'Uzès, à Caisse.					526	83
			Pour acquit de son mandat. . . .						
			—— 31 ——						
.10 / .5			ERIPÉ et Comp., de Rouen, à Effets à payer.						
			Le n° 14, au 20 mai.					347	12
			—— 31 ——						
.5			EFFETS A RECEVOIR à Divers.						
.2			à Simon, de Beauvais.						
	26		Les n°s 28 au 28 avril.	4450	»				
			29 29 dito.	4450	»				
			30 29 mai.	1422	50	10322	50		
.6			à Langlois, d'Elbeuf.						
	27		Les n°s 31 au 25 avril.	2855	20				
			32 25 mai.	2855	20				
			33 15 avril.	792	50	6502	90		
.7			à Sarlcraud, de Paris.						
	28		Le n° 34 au 20 mai.			2253	56		
.7			à Benoît, d'Uzès.						
	28		Les n°s 35 au 24 mai.	5739	»				
	»		36 15 dito.	5839	32	11578	32		
.6			à Gaudinot, d'Orléans.						
	29		Les n°s 37 au 20 juin.	5470	40				
	»		38 15 juillet.	4588	80	10059	20	40716	48
			—— 31 ——						
			DIVERS à Effets a recevoir.						
.8			Vernet et Comp., de Bordeaux.						
			Les n°s 37 au 20 juin. . . .	5470	40				
			38 15 juillet. . . .	4588	80	10059	20		
.10			Eripé et Comp., de Rouen.						
			Les n°s 31 au 25 avril. . . .	2855	20				
			32 25 mai.	2855	20				
			33 15 avril. . . .	792	50				
			35 24 mai. . . .	5739	»				
.5			36 15 dito. . . .	5839	32	18081	22	28140	42
			—— 31 ——						
.10 / .5			ERIPÉ et Comp., de Rouen, à Profits et Pertes.						
			Pour 1/2 de bénéfice suivant le compte remis ce jour.			863	94		
			Port de lettres.			13	»	876	94

JOURNAL B.

La balance de sortie des derniers livres, renversée, forme la balance d'entrée au Journal et au Grand-Livre B. Voyez ce qui a été dit précédemment concernant l'Inventaire dans l'instruction pour le Journal A.

Passons de suite aux articles du Journal B, qui n'ont aucun rapport avec ceux qui font partie du précédent Journal.

La caisse a reçu, pendant les cinq premiers jours du mois de mars, une somme de 18,819 fr. 76 c., pour retard de paiement du n° 8; plus, le montant dudit numéro; ensuite de Bougleux contre quatre effets du portefeuille, enregistrés sous les numéros 9, 17, 22 et 24; et en un billet à son ordre portant le n° 13. Après avoir fait la préparation nécessaire aux livres d'effets à recevoir et à payer, j'ai formé l'article de *caisse à divers*.

Le livre de notes me fait connaître la perte que j'ai faite à la négociation, sur les cinq effets que Bougleux m'a escomptés, je débite *profits et pertes à divers*. Ces divers sont ici : Effets à recevoir pour la perte que je fais sur les quatre effets qui sortent du portefeuille, et effets à payer pour la perte que je fais sur le billet souscrit au profit de Bougleux.

La caisse a payé, dans les cinq premiers de Mars, une somme de 25,585, pour acquit du mandat Valmont, et pour achat de marchandises de compte à tiers avec Sarlerand de Paris et Benoît d'Uzès. J'ouvre un compte à marchandises de compte à tiers avec Sarlerand de Paris et Benoît d'Uzès. Je débite ce compte du tiers des marchandises achetées comptant, plus, des frais de conduite à la cave; enfin de toutes les avances que je fais pour ces marchandises. Je porte au débit de Sarlerand de Paris et à celui de Benoît d'Uzès un tiers du montant de la facture.

Le 10 mars, la caisse a payé pour compte desdites marchandises de compte à tiers le mémoire du tonnellier. Le même jour, j'ai prélevé sur le montant de la vente faite à Duval, un pour cent pour la commission qui m'est accordée; de ces deux articles j'en forme un seul au Journal :

Marchandises de compte à tiers avec Sarlerand de Paris et Benoît d'Uzès à divers;

A Caisse pour le mémoire payé au tonnellier;

A Profits et pertes pour commission de un pour cent sur 26,750 fr.

Le 6 mars, j'ai vendu comptant, à Duval ; savoir, pour mon compte, douze tonnes de vin montant ensemble à 3,070 fr., et la totalité des marchandises de compte à tiers avec Sarlerand de Paris et Benoît d'Uzès, montant à 26,750 fr.

Ledit Duval me paie 26,750 fr. en écus et en son billet à mon ordre payable le 6 avril prochain, enregistré sous le numéro 27, de la somme de 3,685 fr. 35 c. Ainsi il me bonifie pour retard de paiement de 15 fr. 35 cent.

Jusqu'ici je n'avais pas encore proposé d'articles de *divers à divers*, non pas qu'ils soient plus difficiles à concevoir que les autres, mais seulement parce qu'ils font partie de la troisième classe. (Voyez la classification des articles du Journal), articles dont je suis très-sobre, puisque je n'y trouve pas la même clarté que je trouve à ceux de la première et deuxième classe, si l'on a besoin de faire quelques recherches au Journal. Enfin je ne considère les articles de divers à divers comme utiles, que lorsqu'ils ne reçoivent les élémens qui les composent que d'une seule opération, comme dans celui-ci :

Duval m'achète des marchandises pour me les payer comptant. Ces marchandises font partie de celles que j'ai à vendre de compte à tiers avec Sarlerand de Paris et Benoît d'Uzès, et de celles qui sont dans mes magasins faisant partie des marchandises générales. Il me paie le montant de ces factures en écus et en son billet à mon ordre au 16 avril ; mais il m'accorde pour retard de paiement 15 fr. 35 cent. qu'il ajoute à son billet.

Cinq comptes doivent figurer dans cette opération : *Caisse*, *effets à recevoir*, *marchandises générales*, *marchandises de compte à tiers*, *et profits et pertes*. Il s'agit maintenant de trouver les débiteurs dans les cinq comptes que je viens de nommer. Il est clair que ceux qui ne feront pas partie de ceux-ci, seront les comptes qu'il faudra créditer.

Je cherche donc, par les principes déjà donnés, quels sont les comptes qui doivent faire partie des premiers membres de l'équation. Après une légère inspection, je vois que ce sont la caisse et les effets à recevoir, puisque ce sont les seuls comptes qui reçoivent.

Dès que j'en suis assuré, j'écris au Journal, *divers à divers*. Je débite le compte d'effets à recevoir de l'effet que j'ai reçu de Duval, et la caisse, des espèces que le même m'a comptées. Je tire un trait et fais l'addition des deux sommes qui me donnent un total de 29,835 fr. 35 cent. On conçoit à présent qu'il faut que les trois comptes qu'il me reste à créditer me donnent la contre-partie, c'est-à-dire une même somme, qui sera portée dans la troisième colonne propre à recevoir la totalité des articles au Grand-Livre.

Je crédite donc marchandises générales pour le montant de ma facture; marchandises de compte à tiers, aussi pour montant de ma facture et profits et pertes pour le retard du paiement que j'accorde à Duval : et l'article se trouve ainsi terminé.

Le même jour, 6 mars, je remets à Sarlerand de Paris et à Benoît d'Uzès, le compte de vente des marchandises à tiers. Je les crédite chacun pour un tiers du produit net sur la vente faite à Duval, et profits et pertes de l'autre tiers du bénéfice fait sur ces marchandises. Par ce dernier article, le compte de marchandises de compte à tiers se trouve soldé.

On remarquera que les quatre articles qui sont sous la date du 20 mars, auraient pu être disposés différemment, puisque les opérations qui en font partie ont eu lieu le 15, le 16, le 17 et le 18, qu'il eût été plus naturel de mettre : *Divers à caisse*, pour premier article; *marchandises générales à Vernet et compagnie*, pour le second; *caisse et effets à recevoir*, pour le troisième; et *divers à divers* pour le quatrième; mais comme ils se trouvent tous les quatre sous la même date affectée aux comptes généraux, je les ai composés ainsi, pour faire observer à cet égard que la marche est arbitraire.

Ce que j'ai dit ci-dessus relativement aux articles de divers à divers n'a pas besoin, ce me semble, de nouveaux développemens pour faire comprendre ce qui se trouve à la date du 20; seulement, comme dans ce dernier, il y a des marchandises vendues par commission, pour compte d'Eripé et compagnie de Rouen, qu'ils m'ont expédiées suivant leur lettre et facture du 13 mars, et sur lesquelles ils m'accordent moitié de bénéfice net avec eux, je vais entrer dans quelques détails à ce sujet.

J'ai porté à leur débit le montant de la lettre de voiture, ce que j'ai payé pour emmagasinage le jour de l'arrivée des marchandises, et enfin à fur et à mesure les remises que je leur ai faites.

Je les ai crédités pour le montant des ventes que j'ai faites, et, en définitive, en leur remettant le compte général des ventes, débités des remises
que je leur ai faites pour solde et de la moitié des bénéfices que portait
ledit compte de vente.

Voyez ce compte à la suite du Grand-Livre B, après la balance du mois
de mars.

GRAND-LIVRE B.

Pour tout ce qui est relatif au Grand-Livre B, voyez ce qui a été précédemment dit pour le Grand-Livre A ; voyez aussi les règles générales
dans la seconde partie, article du Grand-Livre.

F° 1.   **Doit.**

——— BALANCE D'ENTRÉE. ———

1825.	Mars.	1	à Divers.		1	0	125698	52

——— IMMEUBLES. ———

1825.	Mars.	1	à Balance d'entrée, ma maison. . .	1	1	50000	»

——— MEUBLES. ———

1825.	Mars.	1	à Balance d'entrée.	1	1	4500	»

——— COMPTE CAPITAL. ———

Avoir.   Fº 1.

1825. Mars.	1	Par Divers.	1	0	125698	52
1825. Mars.	31	Par Balance d'entrée, actif	1	1	95102	4

17

 Doit.

		——— SIMON , DE BEAUVAIS. ———							
1825.	Mars.	1	à Balance d'entrée, ancien compte . . .	1	1	10322	50		
		——— MASSON , DE CHERBOURG. ———							
1825.	Mars.	1	à Balance d'entrée, compte ancien . .	1	1	6608	50		
		——— COUSIN , DE LAVAL. ———							
1825.	Mars.	1	à Balance d'entrée, facture du 27 écoulé.	1	1	1422	50		
		——— CAISSE. ———							
1825.	Mars.	1	à Balance d'entrée, suiv¹ le bord. d'inv͏ᵉ.	1	1	11716	46		
	»	5	à Divers	2	0	18819	76		
	»	10	à *dito*	3	0	26750	»		
	»	15	à Effets à recevoir, reçu 2 effets. . .	«	5	3304	60		
	»	20	à *dito.* reçu le N° 15 . . .	4	5	3000	»		
	»	25	à Piat , de Paris , reçu pour solde. .	»	9	35	»	63625	82

Avoir.   F° 2.

| 1825. | Mars. | 31 | Par Effets à recevoir,   les N°s 28 à 30. | 5 | 10 | 10322 | 50 | | |

1825.	Mars.	5	Par Divers.	2	0	25583	»		
»		10	Par March. de c¹ᵉ à 1/3, payé aux tonnelᵉʳˢ.	»	4	227	»		
»		20	Par Divers.	4	0	1537	40		
»		31	Par Benoît, d'Uzès.	5	7	526	83	27874	23

Fo 3.   **Doit.**

			—— MARCHANDISES GÉNÉRALES. ——							
1825.	Mars.	1	à Balance d'entrée,	border. d'inv.re	1	1	4651	»		
»		5	à Vernet et comp., de Bord., leur fact.re		2	8	3800	»		
»		20	à *dito.*	*dito.*	3	»	9380	»	17831	»

MARCHANDISES DE COMPTE à 1/3 avec

1825.	Mars.	5	à Caisse,	mon 1/3 et frais.	2	3	8675	»		
»		10	à Divers.		2	0	494	50		
»		»	à *dito.*		3	0	17580	50	26750	»

—— EFFETS A RECEVOIR. ——

1825.	Mars.	1	à Balance d'entrée,	pr les effets en portef.	1.	1	24035	86		
»		10	à Divers,	No 27.	3	0	3085	35		
»		30	à *dito.*	No 28 à 38 compris.	5	0	40716	48	67837	69

—— EFFETS A PAYER. ——

1825.	Mars.	15	à Caisse,	le No 5. . . .	3	3	1300	40		

Avoir.　　Fo 3.

1825.	Mars.	10	Par Divers.		5	0	3070	»		
»		20	Par *dito*.		3	0	2560	»		
»		25	Par *dito*.		4	0	3750	»	9320	»

SARLERAND, DE Pᵗ, et BENOIT, D'Uzès.

1825.	Mars.	10	Par Divers.		3	0	26750	»		

1825.	Mars.	5	Par Caisse,	sûr 5 effets.	2	3	15350	76		
»		»	Par Profits et Pertes,	escompte de 4 effets,	2	5	130	50		
»		15	Par Caisse,	2 effets.	3	3	3304	60		
»		25	Par *dito*.	Nº 15.	4	3	3000	»		
»		31	Par Divers.		5	0	28140	42	49926	28

1825.	Mars.	1	Par Balance d'entrée.	1	1	22834	30		
»		5	Par Caisse.	2	3	3465	»		
»		»	Par Profits et Pertes.	»	5	35	»		
»		51	Par Eripé et comp., de Rouen.	4	10	347	12	26681	42

F° 4. Avoir. **Doit.**

1825.										

————— PROFITS ET PERTES. —————

| 1825. | Mars. | 5 | à Divers. . . . . | 2 | 0 | 165 | 50 | | |
| » | | 15 | à Piat. remise. . . . . | 4 | 9 | 5 | » | 170 | 50 |

————— LANGLOIS, d'Elbeuf. —————

| 1825. | Mars. | 1 | à Balance de d'entrée, reste d'ancien c^te. | 1 | 1 | 792 | 50 | | |
| » | | 22 | à Divers, fact^res à 1 et 2 mois. | 4 | 0 | 5710 | 40 | 6502 | 90 |

————— GAUDINOT, d'Orléans. —————

| 1825. | Mars. | 1 | à Balance d'entrée. . . . . | 1 | 1 | 10059 | 20 | | |

————— SARLERAND, de Paris. —————

| 1825. | Mars. | 5 | à Caisse, son 1/3 de l'achat fait par moi. | 2 | 3 | 8000 | | | |
| » | | 18 | à Divers, facture à 2 mois. . . . . | 3 | 0 | 4753 | 56 | 12753 | 56 |

Avoir.   F° 4.

1825.	Mars.	5	Par Caisse ; retard sur le N° 8.	2	3		4	»	
	»	»	Par March. de c^{te} à 1/3. commiss. de vente.	2	4		267	5o	
	»	10	Par Divers. retard de paiement.	3	o		15	35	
	»	»	Par March. de c^{te} à 1/3. 1/3 bénéfice. . .	»	4		526	84	
	»	31	Par Eripé et comp., 1,2 de bén. s/ c^{te} de v^{te}.	5	10		876	94	1690	63

1825.	Mars.	31	Par Effets à recevoir, N°s 31 à 33. . .	5	5		6502	9o	

1825.	Mars.	31	Par Effets à recevoir, N°s 37 et 38. . .	5	5		10059	20	

1825.	Mars.	10	Par March. de c^{te} à 1/3, prod. net de s/ 1/3.	3	4		8526	83	
	»	28	Par Effets à recevoir, N° 34.	5	5		2253	56	10780	39

F° 5.   **Doit.**

BENOIT, D'Uzès.										

1825.	Mars.	5	à Caisse,	son 1/3 de l'achat fait par moi.	2	3	8000			
"	18		à Divers.	ma facture à 2 mois. . . .	3	4	11578	32		
"	26		à Caisse,	pour acquit de son mandat.	4	3	526	83	20105	15

—— VERNET et Compagⁱᵉ, DE Bordeaux. ——

1825.	Mars.	31	à Effets à recevoir,	les Nᵒˢ 37 et 38. .	5	5	10059	20		

—— VALMONT , DE Bernay. ——

1824.	Mars.	5	à Caisse,	payé son mémoire. .	2	3	908	»		

—— DESMOULINS , DE Paris. ——

1825.	Mars.	25	à Divers.	facture à 3 mois. . . .	4	0	1650	»		

Avoir. F° 5.

1825.	Mars.	10	Par March. de c^u à 1/3, p^r prod. net de s/1/3. .	5	4	8526	83			
»		28	Par Effets à recevoir, les N°s 35 et 36. . .	5	6	11578	32	20105	15
1825.	Mars.	1	Par Balance d'entrée, p^r l'ancien compte.	1	1	3854	18		
»		5	Par Marchandises gén^les, leur facture. . .	2	4	3800	»		
»		20	Par dito. leur dito. . . .	3	4	9380	»	17034	18
1825.	Mars.	1	Par Balance d'entrée, reste de c^te ancien.	1	1	908	»		
1825.	Mars.	1	Par Balance d'entrée, le N° 25. . . .	1	1	1500	»		

Fo 6. AVOIR **Doit.**

VINCENT, de Paris.

1825.	Mars	1	à Balance d'entrée.	1	1	590	»		
»	25		à Divers.	4	0	560	»	1150	»

RICHARD, de Paris.

1825.	Mars.	1	à Balance d'entrée, pr écus dès le 5 févr.	1	1	1000	»

PIAT, de Paris.

1825.	Mars.	25	à Divers.	4	0	1540	»

ERIPÉ et Cie, de Rouen.

1825.	Mars.	17	à Caisse,	lettre de vre et frais.	4	3	237	»	
»	31		à Effets à payer,	le No 14	4	5	347	12	
»	»		à Effets à recevoir,	5 effets.	5	5	18081	22	
»	»		à Profits et pertes,	suiv. le cte de vente.	5	5	876	94	19542	28

Avoir.   F° 6.

| 1825. | Mars. | 1 | Par Balance d'entrée. . . . . | 1 | 1 | 1500 | » | 1540 | » |
| | » | 25 | Par Divers. . . . . | 4 | 0 | 40 | » | | |

| 1825. | Mars. | 18 | Par Divers, facture à 2 mois. . . | 3 | 0 | 13831 | 88 | 19542 | 28 |
| | » | 25 | Par *dito.* facture à 1 et 2 mois. . | 4 | 0 | 5710 | 40 | | |

BALANCE DU 31 MARS 1825.

Fol.	DÉBIT		CRÉDIT.	
1	50000	»	95102	04
»	4500	»	»	»
2	6608	50	»	»
»	1522	50	»	»
3	63625	82	27874	23
4	17831	»	9320	»
5	1300	40	26681	42
6	12753	56	10780	39
8	10059	20	17034	18
9	1650	»	1500	»
»	1150	»	»	»
»	1000	»	»	»
10	170	50	1690	63
»	67837	69	49926	28
	239909	17	239909	17

Voyez l'explication donnée par la balance faite à la fin de janvier, elle est plus que suffisante pour l'instruction des élèves.

COMPTE DE VENTE.

J'ai remis à Éripé et comp., de Rouen, le compte de vente ci-après détaillé, ou plutôt l'état des marchandises vendues par moi en commission et pour leur compte, à demi de bénéfice net avec eux.

SAVOIR :

DATES DES VENTES.						
1825, Mars.	18	1 tonne sucre contenant 80 pains, pesant ensemble 850 kil. 400 gr.	à 2 f. 65 c.	2253	56
»	»	5 tonnes contenant ensemble 397 pains, pesant ensemble 4181 kil. 600 gr. .	à 2 . 70	11290	32
»	»	2 barils miel de Narbonne, pesant ensemble 90 kil.	à 3 . 20	288	»
»	22	4 tonnes huile fine, pes. ensemble 407 kil.	à 4 . »	1628	»
»	»	4 tonnes huile commune, pesant ensemble 408 kil.	à 3 . 50	1428	»
»	»	3 caisses cassonnade bise, pesant ensemble 1264 kil.	à 2 . 40	2654	40
			TOTAL. . . .	19542	28

FRAIS A DÉDUIRE.

Lettre de voiture à l'arrivée des marchandises. . . . . . . 237 »

BÉNÉFICES SUR

850 kil. 400	sucre.	à 15 c.	127	56
4181 600	dito	à 20 c.	836	32
90	» miel	à 20 c.	18	»
407	» huile.	à 40 c.	162	80
408	» dito	à 50 c.	204	»
1264	» cassonnade	à 30 c.	379	20
	TOTAL des bénéfices. . . .		1727	88
	Dont moitié pour moi. . .		863	94
	Port de lettres.		13	»	1115	94
	PROVENU net. . . F.				18428	34

Sauf erreur ou omission.

Pour établir le compte de vente ci-dessus, j'ai suivi l'ordre des ventes suivant que le Grand-Livre me l'indiquait et, après que je les ai eu portées, j'en ai fait le total qui se trouve être de 19,542 fr. 28 cent. Mais, comme ce n'est pas sur le montant des ventes que je dois prélever ma commission , mais bien sur le bénéfice fait sur chaque sorte de marchandises et sur le prix de vente qu'elles m'ont fixé, il m'a fallu prendre leur facture. C'est ce que j'ai fait, et après avoir porté pour premier article des frais à déduire, le montant de la lettre de voiture payée à l'arrivée des marchandises , j'ai vu que le sucre, qui se trouve le premier article sur la facture, y était coté à 2 fr. 50 cent. J'en ai vendu le 18 mars une tonne pesant 850 kilo 400 grammes à 2 fr. 65 cent. J'ai donc gagné 15 c. par kilo. Le même jour, encore, 5 tonnes de vendues à 2 fr. 70 cent. Le bénéfice pour ces dernières tonnes produisant 4181 kilo 600 grammes est de 20 cent. par kilo.

Le même jour, 18 mars, j'ai vendu, à raison de 3 fr. 20 cent. le kilo, deux barils miel de Narbonne, pesant ensemble 90 kilo. Ce miel est coté sur leur facture 3 fr. le kilo ; le gain est donc de 20 cent.

L'huile fine qu'ils m'ont cotée 3 fr. 60 cent. est vendue 4 fr. Elle produit un bénéfice de 40 cent. par kilo ; et l'huile commune cotée 3 fr. est vendue 3 fr. 50 cent. Le bénéfice est de 50 cent. par kilo. Enfin la cassonnade cotée à 1 fr. 80 cent. est vendue 2 fr. 10 cent. ; c'est donc 30 c. de bénéfice par kilo.

Après avoir extrait tous les bénéfices faits sur les ventes partielles et en avoir fait le calcul, j'ai trouvé que les bénéfices s'élevaient à la somme de 1,727 fr. 88 cent., dont, suivant nos conventions, j'ai pris moitié, que j'ai posée dans la même colonne et au-dessous de la lettre de voiture déjà portée.

J'ai ajouté à ces frais les ports de lettres que cette opération de compte à demi a nécessités et dont ils doivent me tenir compte ; et le montant total des frais s'est trouvé être de 1,113 fr. 94 cent. que j'ai déduit de 19,542 fr. 28 cent. montant des ventes, ils leur reste pour le net provenu de leurs marchandises 18,428 fr. 34 c. dont je dois leur tenir compte, sauf à déduire préalablement les avances, si je leur en ai fait depuis le moment de l'arrivée des marchandises.

Nota. La remise d'un compte de vente pour solder le net provenu, n'empêche pas le commissionnaire, si l'opération a été longue et qu'il ait fait quelques remises importantes et par anticipation , de donner un compte d'intérêt à son commettant, au moment où il lui remet le compte général des ventes, ou au moins avant de le solder.

REMARQUES GÉNÉRALES.

SUR LE LIVRE D'EFFETS À RECEVOIR.

S'il arrivait qu'un particulier remît en paiement une grande quantité d'effets, on pourrait, en les passant au Journal, indiquer seulement pour les numéros 50 à 70 par exemple, et porter la somme totale seulement. Par ce moyen on abrégerait ; mais, dans ce cas, il faut toujours que l'article du Journal soit conforme au montant des effets portés dans la colonne de ce livre destiné à recevoir les sommes totales qui vont figurer au Journal.

SUR LE LIVRE D'ACHATS.

Ce livre ne présentera jamais que deux sortes d'articles :

1°. Si dans l'intervalle des cinq jours on n'achète qu'à une seule personne, le titre de l'article sera :

Marchandises générales à un tel.

2°. Si, au contraire, plusieurs achats ont été faits dans le courant des cinq jours, on aura pour titre de l'article :

Marchandises générales à divers.

SUR LE LIVRE DE VENTES.

Tous les particuliers qui figurent au livre des ventes sont débiteurs ; ainsi, chaque fois qu'on prendra ce livre, on n'aura que l'un des deux articles qui suivent à composer au Journal.

Un tel à marchandises générales, si l'on n'a vendu durant les cinq jours qu'à une seule personne, et

Divers à marchandises générales, lorsqu'on aura vendu à plusieurs.

SUR LE LIVRE DE CAISSE.

Le livre de caisse ne renferme jamais plus de deux articles au débit, et deux articles au crédit.

1°. Au débit, quand on n'aura reçu pendant les cinq jours que d'un seul particulier, on écrira au Journal :

Caisse à un tel.

2°. Et quand on aura reçu de plusieurs particuliers :

Caisse à divers.

Les articles qui composent le crédit seront soumis à la même règle. En renversant le titre de l'article, on dira donc :

Un tel à caisse, ou

Divers à caisse.

SUR LE LIVRE D'EFFETS A PAYER.

Si l'on souscrivait au profit d'un même particulier une forte quantité de billets, on pourrait les réunir, ainsi que je l'ai dit d'autre part pour les effets à recevoir en suivant le même principe.

NOTA. Au lieu de former le Journal par cinq jours, ainsi que je l'ai fait, on pourrait le composer par dix, quinze jours, un mois même, cela ne changerait rien à la comptabilité; mais je conseille, à cause des dates précises que je porte aux comptes particuliers, de le former par cinq, ou dix jours au plus. Au reste c'est à la volonté des chefs de maison et aux teneurs de livres que j'en laisse le choix.

RÉSUMÉ GÉNÉRAL.

Toutes les méthodes dont on fait usage pour tenir les écritures des négocians sont bonnes, lorsqu'elles atteignent le but que tout honnête homme qui se voue au commerce désire obtenir ; et ce but, qui est d'acquérir la réputation de bon et loyal commerçant, et de conquérir l'estime générale, doit être le seul objet de leur pensée, comme il est aussi le seul qui puisse les faire aspirer à donner à leur réputation ce degré de confiance que tous les trésors du Nouveau-Monde ne sauraient leur procurer.

Mais parmi ces méthodes, quoique bonnes, il en est quelques-unes qui sont tellement chargées de choses inutiles ou incohérentes aux affaires des négocians, qu'il n'est guère possible qu'une personne, quelque versée qu'elle soit dans le commerce, puisse comprendre sans en avoir fait un profond examen.

Loin de moi la pensée de critiquer aucune de ces méthodes; c'est la conviction intime que j'ai, que tout ce qui est inutile en comptabilité doit être rejeté des livres, qui me fait parler ainsi.

Il est passé ce temps où les comptables se faisaient un vrai plaisir d'embrouiller les écritures, afin d'empêcher l'œil de la justice d'y découvrir leur malversation et leur turpitude. Il ne reviendra plus. Maintenant la raison et la justice font un devoir au négociant, comme à l'homme chargé d'administrer les deniers publics, de faire surveiller et de surveiller eux-mêmes les agens qu'ils emploient. Ils exigent que les comptes leur soient rendus avec clarté et précision, que chaque nature d'objets forme des articles séparés, pour mieux juger de leur validité et de leur urgence. Enfin c'est l'œil du maître qui exerce une surveillance active et continuelle sur tout ce qui a rapport à son état.

Il résulte de tout ce qui vient d'être dit, que si quelque censeur judicieux voulait me faire connaître quelques-unes des nombreuses imperfections qui se sont glissées dans ma méthode à mon insu, je serai toujours disposé à l'accueillir favorablement et prêt à lui témoigner ma reconnaissance, n'ayant nullement intention de me traiter avec plus de complaisance que je ne mérite.

Je trouve toujours bon ce qui est bon, de quelque côté qu'il vienne.

J'ai pensé que cette petite disgression ne serait pas déplacée, avant de passer aux développemens du résumé général. Je commence :

Si l'on se souvient des livres auxiliaires dont nous nous sommes servis dans la méthode qui précède, on se rappellera que nul d'entre eux ne présente de résultat que pour la chose à laquelle il est affecté; et encore il y en a plusieurs qui n'en présentent aucun. De ce nombre sont les livres d'*achats*, des *ventes* et celui des *notes*, dont les deux premiers ne présentent : l'un, qu'une série d'achats inscrits les uns à la suite des autres, par dates, et à fur et à mesure qu'on les fait; l'autre, qu'une série de ventes aussi à la suite les unes des autres, et par dates.

Le livre de notes chargé de diverses opérations, dont une partie n'y est portée que pour mémoire seulement, et l'autre partie pour aller figurer avec les articles des autres livres auxiliaires au Journal

Il ne nous reste donc qu'à nous occuper des livres d'*effets à recevoir et à payer*, et du *livre de caisse*. Ceux-ci étant disposés pour recevoir les objets et pour en constater la sortie, présentent, pour chacun en particulier seulement, un résultat, et ce résultat le voici :

1º Le livre de caisse reçoit, dans le courant d'un mois, 50,000 fr. ; le reste en caisse du mois précédent était de 4,000 fr., il doit donc être chargé à son débit d'une somme de 54,000 fr. ; mais il a payé durant le mois une somme de 34,000 fr., il ne doit plus rester, selon le compte en chiffres, que 20,000 fr. Si maintenant le compte espèces est conforme à celui de chiffres, nul doute que le résultat, pour tout ce qui concerne ce compte, ne soit juste.

2º Le livre d'effets à recevoir se contrôle en pointant sur ce livre chaque effet qui reste en portefeuille, si l'on n'aime mieux faire un état ainsi qu'on l'a fait pour la balance générale.

3º Le livre d'effets à payer se contrôle en dressant un état des effets qui restent en circulation.

Maintenant que nous connaissons la manière dont se contrôlent les livres auxiliaires, passons aux comptes généraux au Grand-Livre.

COMPTE DE CAISSE.

Il faut que le débit et le crédit de ce compte soient en rapport avec le débit et le crédit du livre tenu par le caissier, ou celui qui en remplit les fonctions. S'il y a une différence, quelque minime qu'elle soit, il faut la chercher.

COMPTE D'EFFETS A RECEVOIR.

Le débit de ce compte représente tous les effets qui sont entrés en portefeuille depuis l'Inventaire ; le total doit être le même que celui arrêté livre d'effets.

Le crédit qui représente les effets qu'on a déjà encaissés ou passés à des correspondans, doit égaler le débit, si l'on y porte pour balance le montant de l'état qu'on a dressé des effets en portefeuille.

COMPTE D'EFFETS A PAYER.

Le crédit de ce compte se trouve formé par les acceptations et les billets à ordre souscrits au profit des correspondans, il doit être égal au total arrêté dans ce livre.

Si, au débit qui se compose des effets qu'on a déjà payés, on ajoute le montant de l'état qu'on a dressé pour les effets restant en circulation, on obtiendra la balance de ce compte.

COMPTE DE MARCHANDISES.

Le débit de ce compte doit toujours être égal, après en avoir déduit le montant des marchandises qui figuraient à l'Inventaire, au montant arrêté dans le livre d'achats, et le crédit doit être pareil au montant total porté sur le livre des ventes.

Mais ce compte ne porte pas avec lui les mêmes élémens de contrôle que nous ont offert les trois comptes précédens. Il entre, il est vrai, des marchandises; ces marchandises sortent en moindre quantité; mais jamais celles qui sont vendues et celles qui restent à vendre ne doivent donner un crédit égal au débit, sans cela le marchand perdrait. Cette raison est facile à saisir : le crédit des marchandises se compose des ventes que l'on fait, et des bénéfices que ces ventes produisent; si, à l'époque de l'Inventaire, vous ajoutez à ce crédit, ainsi que cela doit se faire, le montant des marchandises en magasin, en les évaluant au cours du jour, il est clair que ce crédit surpassera le débit de tous les bénéfices que l'on aura faits sur les marchandises vendues, et que ces bénéfices seront représentés au débit par l'article qui se passe ordinairement à profits et pertes.

Voyez pour solder ce compte ce qui a été fait lors de la balance générale.

CONCLUSION.

Quand le contrôle des livres auxiliaires avec les comptes généraux est terminé, il ne reste plus, pour clore les opérations et faire connaître le résultat qu'elles ont donné, qu'à établir la balance générale.

DEUXIÈME PARTIE.

REMARQUES GÉNÉRALES.

De l'utilité des comptes et de l'application qu'on en peut faire.

Les comptes peuvent s'appliquer à trois sortes d'affaires : 1° à la Banque; 2° aux marchandises; 3° aux finances.

Chacune de ces sortes d'affaires peut se faire de trois manières : pour soi-même, pour compte d'autrui, en société. L'une et l'autre de ces manières donne trois sortes d'actions : recevoir, fournir, échanger.

Il y a trois sortes de sujets pour qui on ouvre des comptes : pour le négociant, qui est représenté par les comptes généraux; pour les correspondans, et pour les effets en nature.

Il faut considérer trois choses dans chaque compte : la première, le sujet pour qui le compte a été ouvert; la seconde, le débit pour connaître tout ce qui a été fourni à ce sujet; et la troisième, le crédit pour connaître tout ce qu'on en a reçu.

Des Négociations et des cas qu'elles présentent.

Il y a trois sortes de négociations : acheter, vendre, échanger ou troquer (1). On emploie trois sortes d'effets pour les faire : de l'argent, des marchandises, des lettres de change, billets, promesses ou autres effets quelconques. Elles se font comptant, à terme ou en troc. Elles donnent la connaissance : 1° des débiteurs, pour les faire payer à fur et à mesure des échéances; 2° des créanciers, pour leur solder les articles dus à mesure.

___

(1) On échange des marchandises, des valeurs. C'est proprement ce que le commerce fait : il échange. On troque aussi des marchandises, mais proprement des choses de service, des meubles, des effets, des bijoux, des chevaux, etc.

qu'ils échoient ; 5° et enfin des effets qui sont entrés et sortis, de ceux qui nous restent et des profits ou pertes que nous y avons faits. Les comptes peuvent finir de trois manières : avec profits, avec pertes, sans profits ni pertes.

Des Livres nécessaires et de l'ordre qu'on doit observer dans chacun d'eux.

Outre les livres auxiliaires de caisse, d'achats, de ventes, de copies de lettres, d'effets à recevoir et à payer, etc., que l'on admet selon l'importance des affaires, on se sert généralement de trois livres principaux, qui sont le Mémorial ou Brouillard, le Journal et le Grand-Livre que l'on nomme aussi extrait ou livre de raison.

D'après ma méthode, les livres principaux se réduisent à deux, le Journal et le Grand-Livre. Je marque l'un et l'autre de ces livres, dès qu'ils sont les premiers (et ceci ne s'entend pas de ceux qu'on a eus en commençant le commerce, mais bien de ceux qui comprennent une comptabilité régulière), de la lettre A, ceux qui suivent de la lettre B, et ainsi des autres.

Avant de traiter de l'usage du Journal et du Grand-Livre, et de l'ordre qu'on doit observer dans chacun d'eux, je vais donner une idée de la manière dont quelques teneurs de livres tiennent le Brouillard. Les uns y portent toutes les affaires que fait un négociant, les autres au contraire le divisent en plusieurs parties qu'ils tiennent encore de deux manières différentes.

Par la première, ils annotent seulement les articles : *acheté à un tel ; vendu à un tel ; reçu ou payé pour telle chose.*

Par la seconde, ils le tiennent régulièrement en forme de Journal, en suivant dans sa composition tout ce qui est prescrit pour ce livre, et quelquefois même il le remplace.

On voit aisément, d'après ce qui vient d'être dit sur le Mémorial ou Brouillard, que ce livre est tout-à-fait inutile ; car la première méthode qui le divise en plusieurs parties, n'abrège en rien la formation du Journal, et la seconde méthode qui est pour ainsi dire de composer le Journal à mesure que les opérations se font, ne laisse ni le temps, ni la réflexion nécessaires pour passer les articles avec cette concision et cette clarté que réclament généralement les écritures d'un négociant. Aussi je pense que ce livre peut être supprimé sans danger.

Du Journal.

Ce livre, dit-on, est la base et le fondement de tous les autres; c'est une erreur : ôtez le Grand-Livre, il n'est que la conséquence, le résultat des livres auxiliaires qui présentent les données. C'est à la vérité de lui que dépend l'ordre absolument nécessaire à un négociant qui veut connaître ses affaires et les bien diriger, puisqu'il présente l'ensemble de toutes ses opérations. Aussi demande-t-il à être tenu avec exactitude.

Il faut, autant que possible, que ce soit la même personne qui écrive sur ce livre; il doit être tenu proprement, le style doit être clair et précis; n'omettre aucune circonstance nécessaire, et rejeter avec soin tout ce qui devient inutile; laisser au bas des pages le moins de blanc possible; ne diviser les articles que lorsqu'il est impossible de faire différemment; écrire les noms du débiteur et du créancier en gros caractères, afin de les distinguer plus facilement.

On compte quatre formules d'articles, par rapport aux débiteurs et aux créanciers :

La première, lorsqu'il n'y a qu'un seul débiteur pour un seul créancier.

La deuxième, lorsqu'il n'y a qu'un seul débiteur et plusieurs créanciers, ou un seul créancier pour plusieurs débiteurs.

La troisième, lorsqu'il y a plusieurs débiteurs et plusieurs créanciers.

La quatrième, les comptes en participation, à parts égales ou inégales, lesquels peuvent être rangés dans l'une des formules précédentes.

La méthode généralement suivie pour distinguer le débiteur et le créditeur d'un article quelconque est celle-ci : tout ce qui est ma propriété, *doit*, et, par contre, tout ce qui sort de ma propriété, est créancier; ou bien, celui à qui, ou pour compte de qui on paie, on envoie, on fournit ou on remet, est débiteur; et celui pour qui, ou pour compte de qui on reçoit, qui envoie, qui fournit ou qui remet, est créancier; ou, plus simplement, celui qui donne est créditeur, et doit être crédité; celui qui reçoit est débiteur, et doit être débité.

Les articles qui font partie de la première des quatre formules indiquées pour la composition des articles au Journal, sont ordinairement composés de sept parties : 1° la date; 2° le débiteur; 3° le créancier; 4° la somme; 5° la quantité et la qualité; 6° l'action et comment payable; 7° le prix. Quelques teneurs de livres ajoutent même une huitième partie qui est la livraison.

Les livres auxiliaires qui servent à la formation de mon Journal, renfermant toutes les conditions voulues pour chacun des articles, j'ai pensé que je pouvais négliger quelques-unes de ces parties. De ce nombre, sont la quatrième répétition du montant total de l'article; la cinquième, qui renferme la quantité et la qualité; la septième qui est le prix; et la huitième, la livraison.

Des contre-parties du Journal.

Les articles du Journal présentent deux cas :

1° Lorsque le débit et le crédit d'un article sont faux, et doivent être annulés; alors un nouvel article, qui détruit tout l'effet du premier, est composé pour rétablir l'équilibre; et ensuite, par le moyen d'un troisième article, on rétablit les choses telles qu'on aurait dû le faire primitivement.

2° Lorsque le débit ou le crédit seulement est faux. Dans ce cas, si le débit est faux, on crédite le compte qui a été débité par erreur, et on débite le vrai débiteur; et réciproquement si le crédit est faux, on débite le compte qui a été crédité par erreur, et on crédite le véritable créancier.

Nota. Si l'on était dans l'usage de faire figurer dans la balance de chaque mois, tous les comptes portés au Grand-Livre, sans avoir égard à ceux qui se trouvent soldés, dans l'intervalle d'un Inventaire à un autre Inventaire, et cela seulement pour obtenir preuve, par chaque balance, des sommes arrêtées à la fin de chaque mois au Journal, et qui se reportent aux mois qui suivent, il faudrait alors, en faisant l'addition de la page du Journal où se trouvent un ou plusieurs articles contre-passés, les distraire du montant.

Du Grand-Livre.

Ce livre est folioté, chaque folio est composé de deux parties : l'une à gauche, sur laquelle on écrit les noms des sujets des comptes, et le mot *doit*; l'autre à droite, sur laquelle on écrit le mot *avoir*. Les noms et les mots, *doit*, *avoir*, doivent être écrits en gros caractères; cela s'appelle ouvrir un compte.

Ce compte, ainsi préparé, recevra, dans la page à gauche où se trouve écrit le mot *doit*, tous les articles dont le sujet du compte sera débité au Journal ; et dans la page à droite, où est écrit le mot *avoir*, tous les articles dont le sujet du compte sera crédité au Journal.

Des préparations qu'il faut faire avant de rapporter les articles du Journal au Grand-Livre.

Pour rapporter un article du Journal au Grand-Livre, on fait dans la marge du Journal, devant l'article, un petit trait de plume ainsi : — ; au dessus de ce trait on met le folio du Grand-Livre où est ouvert le compte du débiteur, et on place le folio du Grand Livre où est ouvert le compte du créancier, par-dessous. Quand l'article du débiteur est porté à son débit au Grand-Livre, on met un point au crayon ou à l'encre, à côté du folio porté au Journal, pour indiquer que cet article est rapporté au Grand Livre. Ainsi tous les articles d'une page du Journal qui auront des points, désigneront ceux qui sont rapportés ; et ceux qui n'en auront point, indiqueront le contraire. Ce qui vient d'être dit par rapport au folio du débiteur et à celui du créditeur, est applicable aux quatre formules du Journal. Ainsi le trait séparera toujours l'article, de manière que tous les comptes qui seront débiteurs seront au-dessus, et tous les comptes qui seront créanciers, au-dessous.

Il résulte de la manière de placer les folios du Grand-Livre au Journal, que, s'il se glisse quelque erreur dans de rapport des articles, et qu'il faille vérifier, la vérification devient plus facile, en ce que la personne chargée d'appeler les articles du Journal est bientôt familiarisée avec cette formule, que tous les débiteurs sont au-dessus du trait, et tous les créanciers au-dessous. Par ce moyen, cette opération qu'on appelle, *pointer les les livres*, sera abrégée, puisque la personne qui pointera le Journal n'aura que ces mots à dire : folio tant, au débit telle somme, — folio tant, au crédit telle somme, et pointer l'article, si la personne qui fait l'inspection au Grand-Livre ne fait point d'observation.

Des connaissances nécessaires pour rapporter les articles du Journal au Grand-Livre.

La science de rapporter les articles du Journal au Grand-Livre, consiste en deux choses :

1° L'arrangement des parties de l'article;

2° Le raisonnement qui convient à chaque compte.

L'arrangement consiste :

1° A mettre l'année, le mois et le quantième en marge, soit au débit, soit au crédit;

2° A mettre au débit, après la date, *à qui on débite* le compte, et au crédit (aussi après la date), *par qui on crédite* le compte;

3° Dans la même ligne (et ce qui va être dit se pratique au débit comme au crédit), on explique le sujet pourquoi on débite, ou crédite;

4° On met la page du Journal, d'où l'article est tiré, dans la première colonne;

5° Et, dans celle qui suit le folio qu'on appelle de *rencontre*, c'est-à-dire le folio du sujet du compte qui donne le débit ou le crédit de l'article que l'on rapporte;

6° Enfin, le montant de l'article.

Le raisonnement que l'on fait sur le Grand-Livre en y rapportant les articles du Journal, doit être bref et net, et contenir néanmoins les circonstances qui conviennent à chaque sorte de compte, pour en donner l'intelligence.

Des contre-parties du Grand-Livre.

J'ai indiqué dans mon avant-propos ce qu'il y avait à faire pour les articles qu'on était obligé de contre-passer au Grand-Livre. Il serait nécessaire d'employer un autre moyen : si chacun des comptes particuliers soldés, ou non soldés; devait figurer à la balance de chaque mois, pour contrôler, par le montant de la balance, la masse des opérations arrêtées au Journal; ou bien, il faudrait ôter tant aux débits qu'aux crédits, et à chacun des comptes qui les renferment, tous les articles marqués; ou bien, ce qui reviendrait au même, les ajouter au total du Journal. En définitive, on pourrait gratter la somme mal portée, et mettre en sa place le mot *nul.*

De quelques règles générales à observer concernant le Grand-Livre.

1° Travailler dans un lieu séparé, afin de n'être point interrompu, et que personne ne regarde dans les livres.

2° Écrire proprement, sans traits ou grandes queues.

3° N'employer qu'une seule ligne pour le raisonnement d'un article.

4° Pour faire les additions plus facilement, ranger les chiffres les uns sous les autres.

5° Tirer toutes les lignes à la règle.

6° Ouvrir les comptes continûment dans le Grand-Livre.

7° Chaque article du Journal étant porté au débit d'un compte en même temps qu'au crédit d'un autre compte, on peut en tirer cette conséquence qui devient axiôme : tous les débits des divers comptes portés au Grand-Livre sont égaux à tous les crédits des divers comptes portés au même Grand-Livre.

8° Ne raturer, ni ne croiser aucun article.

9° Lorsque les folios sont pleins, porter la somme du dernier compte à la suite des autres, en mettant sur la ligne vis-à-vis du total : transporté au folio 5, par exemple, et, au nouveau compte, report du folio 5.

10° Solder les comptes sur le Grand-Livre de conformité avec les correspondans.

11° Donner toujours le même nom aux comptes que vous ouvrez.

Du Répertoire ou Alphabet.

Le répertoire n'a pas de formule fixe : il suffit qu'il renferme le nom des sujets des comptes, le lieu de la résidence des correspondans, le folio où les comptes sont ouverts; le reste est arbitraire.

Il est bon de faire observer que, lorsqu'il s'agit d'ouvrir un compte, il faut lui donner le nom qui lui convient le mieux, et le noter de conformité au Journal, au Grand-Livre et au Répertoire.

J'ai déjà dit dans la première partie de cet ouvrage, que l'on pouvait avoir le Répertoire au commencement ou à la fin du Grand-Livre, ou bien séparé; c'est à la volonté de chacun.

Le Répertoire ne sert pas seulement pour le Grand-Livre, on s'en sert aussi pour plusieurs livres auxiliaires, sur lesquels on ouvre des comptes; ils servent à les indiquer.

Le copie de lettres est de ce nombre; on le met à la fin pour écrire le nom des correspondans, dont la lettre initiale correspond à celle du Répertoire, pour noter, à fur et à mesure à la suite du nom, les folios qui renferment des lettres écrites à ces mêmes correspondans.

Des Livres particuliers ou auxiliaires.

Le nombre des livres auxiliaires n'est pas fixé; chaque négociant les forme selon le genre de ses affaires, les diminue ou les augmente, les réunit ou les sépare, suivant qu'il le juge à propos. Sans entrer dans aucun détail sur tous ceux qu'on peut mettre en usage, puisque le nombre irait à l'infini, je me contenterai de donner une idée de ceux dont on se sert le plus ordinairement dans les maisons de commerce.

1° Livre de Caisse.	8° Livre de Magasin.
2° Livre d'Achats.	9° Livre de Copie de lettres.
3° Livre de Ventes.	10° Livre de Factures.
4° Livres de Comptes courans.	11° Livre de Commission.
5° Livre d'Effets à recevoir.	12° Livre de Banque.
6° Livre d'Effets à payer.	13° Livre de Port de lettres.
7° Livre d'Echéances.	14° Livre de Dépenses.

Du Livre de caisse et des devoirs du caissier.

La forme que j'ai donnée, et ce que j'ai dit concernant le Livre de caisse, dans la première partie de cet ouvrage suffit, ce me semble, pour mettre le lecteur à même de bien comprendre tout ce qui fait partie de ce Livre; je passe au devoir du caissier.

Le caissier ou celui qui en remplit les fonctions, doit écrire à l'instant même les sommes qu'il reçoit, dire de qui il les reçoit et le pourquoi : ainsi que celles qu'il paie, à qui il les paie et pourquoi. Il doit, le plus qu'il lui sera possible, pour faire concorder les écritures avec celles du teneur de livres, pointer avec ce dernier.

Des erreurs de caisse.

Les erreurs de caisse peuvent se présenter de deux manières.

1.º Si le solde effectif de caisse est plus fort que celui des comptes;

2.º Si le solde effectif de caisse est plus faible que celui des comptes.

PREMIER CAS. — Si, lors de la vérification que je viens d'indiquer, et qui doit se faire toujours avec exactitude, il y avait erreur, et que cette erreur provînt d'un solde effectif plus fort que celui des comptes, voici comment il faudrait procéder : s'assurer si lui ou le chef de la maison n'ont pas versé, de leurs propres deniers, dans la caisse, sans l'écrire; si ce n'est pas le produit de quelque vente qu'on aurait oublié de porter. Et, dans ce cas, il faut vérifier toutes les pièces originales des ventes, en remontant jusqu'à l'époque de la dernière balance de caisse; questionner les garçons du magasin; voir si on n'a pas vendu quelques marchandises pour compte d'autrui, si quelques débiteurs n'ont pas donné des à-comptes, enfin en repassant dans sa mémoire tous les individus avec lesquels on peut avoir traité.

Si, après avoir employé tous ces moyens, on ne retrouve pas l'erreur, en supposant qu'elle provienne de ce dernier fait, celui des débiteurs qui aura compté cette somme, représentera bien le reçu, lorsqu'on lui remettra facture.

A ces recherches, on peut encore en ajouter de nouvelles; voir si on n'a pas tiré sur quelqu'un et négocié la lettre-de-change; visiter les carnets d'échéance, etc.

NOTA. Il peut arriver que le solde effectif de caisse soit d'accord avec le compte, et pourtant qu'il y ait omission. Cela arrive lorsqu'on a reçu une somme, et qu'au même moment, ou quelques jours après, on en paie une pareille, sans passer écriture ni de l'une ni de l'autre. Dans ce cas, ce qui constitue une omission au Livre de caisse, devient une erreur au Grand-Livre. Ces sortes d'omission ne peuvent se découvrir que lorsqu'on réglera avec celui qu'on aura oublié de créditer, parce qu'il réclamera en produisant sa quittance; et, par rapport à l'autre, on acquerra la preuve qu'on l'a payé, en vérifiant les quittances du semestre.

DEUXIÈME CAS. — Dans le cas où le solde effectif de caisse se trouve plus faible que le compte, il faut que le caissier s'assure si lui, ou le chef de la maison n'ont pas pris de l'argent sans l'écrire; si l'on n'a pas payé quelque facture sans la porter en compte.

Après cette vérification, on passe à celle des créanciers et de leurs quittances; si ces recherches ne donnent point un résultat satisfaisant, il faut voir si on n'a pas payé, pour quelque commettant, par le moyen des comptes d'achats, factures, traites et billets acquittés. Si, après avoir employé tous les moyens que je viens de donner, on ne trouve pas le motif du déficit, voici ce qui reste à faire, et ceci est applicable au premier et au second cas.

Passer à profits et pertes la différence qui se trouve à la caisse, et si, par suite, on trouve d'où elle provenait, on rétablit les choses telles qu'elles auraient dû l'être primitivement.

Pour agir avec sûreté et régularité, un comptable ne doit jamais écrire qu'*après avoir reçu*, et doit toujours écrire avant d'*avoir payé*.

Je ne m'arrêterai pas davantage sur les précautions que doit prendre un caissier ; l'usage et l'expérience lui en apprendront plus que tout ce que l'on pourrait dire à ce sujet.

Livre d'Achats et Livre de Ventes.

Voyez ce qui a été dit dans la première partie.

Livre des Comptes courans.

Ce livre se tient par débit et par crédit ainsi que le livre de raison, mais il donne plus de détail que ce dernier. C'est dans ce livre que les commerçans établissent, avec toutes les notes nécessaires, les comptes de leurs correspondans, de manière que lorsqu'ils veulent les leur remettre, ils n'ont qu'à les copier.

Il est d'usage lorsqu'on envoie un compte de l'arrêter et d'écrire au bas : *remis tel jour*.

L'exemple suivant fera mieux comprendre l'utilité de ce livre que tout ce qu'on pourrait ajouter à ce qui vient d'être dit.

1825.		DOIT			1825.		AVOIR		
Janvier.	15	Pour son mand. du 15 déc. o/ Jay.	1800	»	Février.	15	En sa remise sur Robert au 20 c.	1700	»
»	25	Pour ma facture à Ess., à 3 m.	8740	»	»	17	En sa facture vin à 6 mois.	4000	»
»	30	Pour frais payés à Colmar, huissier.	37	»	Mars.	14	En ma traité o/ Duval au 15 avril.	5000	»
Mars.	1	Payé à Gariod pour son compte.	540	»	Avril.	15	En solde il me revient.	4474	40
»	7	Payé son mandat du 1er janvier.	4000	»			que je porte au débit du c^te nouv.		
Avril.	8	Pour courtage sur 8740 f., 1/2 p. o/o.	43	70					
»	»	Pour port de lettres.	13	70					
			15174	40					
Avril.	15	Pour le solde du compte ancien.	4474	40			Sauf errreur ou omission.	15174	40
							Paris le 15 avril 1825.		
							Remis ce jour.		

Livres d'effets à recevoir et à payer.

Voyez dans la première partie ce qui a été dit.

Livre d'Échéance.

On note dans ce livre tout ce que l'on a à payer et à recevoir à époque fixe. Soit lettres de change, billets, marchandises, ou autres effets quelconques.

Ainsi disposé, ce livre fait connaître au négociant ce qu'il a à recevoir ou à payer chaque jour; et dans le cas où les paiemens à faire excéderaient la recette, il l'avise d'y pourvoir par d'autres moyens.

Quelques teneurs de livres divisent l'espace qu'ils destinent à un mois en trente ou trente et une parties égales, afin de porter les échéances par dates; je pense que ceux qui voudront suivre cette méthode feront bien de ne pas faire cette division exactement, puisqu'assez généralement dans le commerce, on prend pour époques de paiement les 5, 10, 15, 20, 25, et fin du mois, et plus particulièrement les 15 et fin de mois.

Mais de quelque manière qu'on tienne ce livre, telle division qu'on lui donne, voici ce qu'il est nécessaire d'observer ponctuellement.

Lorsque l'on porte un effet au livre d'échéance, il faut avoir soin de ne pas se tromper en mettant la date (et ceci regarde principalement les effets à recevoir, car si vous mettez un jour trop tard, vous perdez votre droit contre les tireurs et endosseurs, ce qui n'arrive jamais pour les effets à payer), et cette date, tant qu'elle est désignée dans l'effet, n'est pas difficile à mettre. Mais lorsque l'effet porte à une, deux ou trois usances, il est nécessaire de se pénétrer que l'usance n'est pas un mois, comme quelques personnes se l'imaginent, mais seulement trente jours; tandis qu'il y a des mois de 28 ou 29, de 30 et 31 jours. Cette remarque est essentielle, non pas pour la France seulement, mais généralement pour toutes les villes de commerce qui conservent l'usage de tirer à usance.

Lorsque l'on paie un billet, on met le mot *payé*, ou simplement un P devant l'effet, dans une colonne pratiquée pour cela; et devant les effets à recevoir, on met *reçu*, ou un R seulement, pour indiquer qu'il a été encaissé.

NOTA. Si le jour de l'échéance se trouve un dimanche, ou un jour de fête, la demande du paiement doit se faire la veille ; mais le protêt peut être différé jusqu'au lendemain de l'échéance.

Livre du magasin.

Ce livre qu'on intitule, tantôt livre des numéros, tantôt livre des marchandises générales en mes magasins, et tantôt livre du magasin seulement, est peut-être le plus important des livres auxiliaires, et celui auquel le négociant doit veiller avec le plus d'attention, par rapport aux friponneries qui se peuvent faire ; surtout, s'il y a commerce de détail ; aussi je regarde comme très urgent, que ce livre soit déchargé pour les ventes que l'on fait, par le chef de maison même, ou du moins, si cela ne se peut, qu'il commette à cet effet une personne digne de toute sa confiance.

Ce livre est fort utile, mais il faut le tenir exactement, ne pas donner un même numéro à des marchandises différentes ; au contraire, il faut que chaque ballot, caisse, baril, tonne, pot, etc. Enfin, toute autre chose qui contient des marchandises, ait son numéro particulier. Il faut en outre spécifier les marchandises, mettre la quantité et la qualité.

Toutes les marchandises qui entrent en magasin doivent y être portées à fur et à mesure de leur entrée. Le livre d'achats donne tous les détails nécessaires pour former le livre du magasin ; mais c'est ce dernier livre qui fait connaître les numéros qu'on doit donner à ces nouvelles marchandises, et ce numéro est toujours celui qui suit immédiatement après le numéro donné aux dernières marchandises entrées en magasin.

ENTRÉE DES MARCHANDISES.

DATES DE L'ENTRÉE.	QUANTITÉ DE FACTURES.	QUANTITÉ DE VÉRIFICATION.	DÉSIGNATION DES MARCHANDISES.	N°s	PRIX.
1825. Janvier 20.	15 mèt. » c.	14 mèt. 50 c.	Cuir-laine bleu.	740	BR f. » c.
Mars 15.	28 mèt. » c.	28 mèt. 50 c.	Bouracan gris.	741	LT. BB c.
Mars 25.	11 mèt. » c.	11 mèt. » c.	Piqué. Sicard et comp[ie].	742	BL f. » c.
Mars 31.	40 mèt. » c.	40 mèt. » c.	Casimir noir.	743	BN f. » c.
Avril 5.	4 mèt. » c.	4 mèt. 25 c.	Poil de chèvre.	744	BO f. » c.

SORTIE DES MARCHANDISES.

Nᵒˢ	DATES DES VENTES PARTIELLES.		VENTES TOTALES.
740	Vendu 1 mèt. 50 c. Reste 13 mèt. » c. dito 2 » dito 11 » dito 1 50 dito 19 50 dito 1 50 dito 8 »	Vendu 2 mèt. 0 c. Reste 6 mèt. 0 c. dito 1 50 dito 4 50 dito 1 50 dito 3 »	
741	Vendu 8 mèt. » c. Reste 20 mèt. 50 c. dito 4 50 dito 16		
742	Vendu 1 mètre. Reste 10 mèt.		
743	Vendu 5 mètres. Reste 35 mèt. dito 4 dito 31 dito 8 dito 23 dito 13 dito 10	Vendu 2 mèt. 50 c. Reste 7 mèt. 50 c. dito 2 50 dito 5 dito 4 75 dito » »	39ᵐ.25
744	Vendu 1 mèt. 25 c. Reste 3 mèt.		

Le Livre des ventes sert pour décharger le Livre du magasin. On fait auprès du numéro dont on a vendu une partie ou le tout, ou bien dans quelqu'autre endroit du Livre qu'on juge nécessaire, une marque qui sert à indiquer que l'on a fait tout ce qu'il était urgent de faire au Livre des numéros. Cet ordre étant observé régulièrement, il sera très-aisé de reconnaître si les marchandises qui sont entrées en magasin, sont vendues en totalité ou en partie, et, par conséquent, d'en dresser l'état si le cas est urgent.

·La distribution du livre de magasin dont je viens de donner le modèle, convient parfaitement au commerce des draps et nouveautés.

On connaît déjà l'usage des colonnes qui y sont pratiquées, puisque la tête de l'état en désigne l'emploi; mais on trouvera peut-être inutile l'une des deux colonnes qui renferment les quantités des pièces, et comme je les juge nécessaires, je dois donner la raison qui me les fait conserver toutes les deux.

Dès que les marchandises arrivent chez un commerçant, il ne doit les caser dans ses magasins, qu'après qu'elles ont été portées sur le livre des numéros, et que la vérification de la qualité et quantité en est faite. Mais comme il arrive souvent que cette vérification de la qualité et quantité ne peut se faire tout de suite, et que, quelque petit que soit le retard, on peut néanmoins vendre une partie de ces marchandises; je porte à leur arrivée, d'après la facture : la date de l'entrée, la quantité, la désignation et qualité des marchandises, le numéro et le prix coûtant. En agissant ainsi, s'il se fait une vente avant que la vérification soit faite, rien ne m'empêche d'en faire la défalcation. Ensuite, lors de la vérification, je porte la quantité trouvée; afin que s'il y a un recours, et que ce soit le fabricant qui doive en tenir compte, je sois toujours prêt à réclamer la quantité précise.

On pourrait dans la colonne de la désignation des marchandises, attendu qu'elle se trouve toujours peu remplie, mettre le nom du fabricant qui les a fournies, ainsi que je l'ai pratiqué pour le piqué porté au n° 742.

J'ai répété le numéro des marchandises à la page de sortie; dans le cas où l'on jugerait cette répétition inutile; je conseillerai de supprimer de préférence, ceux qui se trouvent à la page de l'entrée des marchandises; parce que, pour faire la défalcation, l'œil du commis qui est chargé de cette partie, n'a pas besoin de parcourir un espace aussi long. J'ai mis le prix en lettres, c'est assez l'usage dans le commerce des draps.

La dernière colonne réservée pour les ventes totales n'est pas fort en usage, et pourtant je la crois nécessaire : il est bon que le négociant connaisse l'emploi qu'on a fait des marchandises qui sont entrées dans ses magasins; comme il connaît les mutations de son portefeuille et les mouvemens de sa caisse. Aussi verra-t-il que le casimir noir, portant le n° 743, entré pour 40 mètres, n'a produit à la vente, que 39 mètres 25 centimè-

tres ; qu'il y a une différence en moins de 75 centimètres, que cette différence, en évaluant seulement le casimir à 12 fr., donnerait une perte de
9 fr. On dira peut-être qu'il y a des pièces qui donnent du bénéfice en
quantité ; je répondrai que, lorsque cela arrivera, il faudra qu'on le porte
ainsi que je l'ai fait pour la perte ; afin que, le négociant sache, que 40 mètres de drap par exemple, en ont produit en le vendant au détail, 41 mètres.

Autre Modèle de Livre de Numéros pour les Marchandises sèches.

ENTRÉE.

MARQUES.	DATES DE L'ENTRÉE.	QUANTITÉS.			DÉSIGNATIONS ET QUALITÉS DES MARCHANDISES.
		TOTALES.	Nos.	PARTIELLES.	
B D.	1825. Janvier 15.	10 bariques sucre de diverses qualités.			
Nº 1	»		1	800 kil. »	
à 10.	»		2	750 »	} Sucre blanc.
dito.	»		3	870 »	
dito.	»		4	745 50	
dito.	»		5	674 50	} Sucre commun.
dito.	»		6	740 »	
dito.	»		7	802 »	
dito.	»		8	740 »	} Sucre brut.
dito.	»		9	777 »	
dito.	»		10	780 »	
A C.	» Mars 15	3 balles coton.			
Nº 1			11	500 »	
à 3.			12	740 »	} Coton, première qualité.
			13	350 »	
		13 pièces portées au folio suivant.			

Les personnes qui se servent de cette formule pour le livre de magasin,
ont l'habitude, dès que la page est finie, de faire le total, ainsi que je le
fais ci-dessus à l'entrée des marchandises pour le faire suivre aux pages
suivantes; elles en usent de même pour la sortie : elles portent en total au
bas de la page les pièces qui sont vendues pour faire suivre la même chose
qu'à l'entrée. Cette méthode ne me paraît pas claire, ou bien je ne la
comprends pas. Que font-elles quand elles ont rapporté une ou deux pages
ainsi, et que la vente d'un numéro dont la page est déjà arrêtée s'effectue?
Grattent-elles le total et le rapport pour ajouter le numéro nouvellement
vendu? Rappellent-elles à la page suivante ces mêmes numéros? En indiquant que c'est pour tel ou tel numéro de telle page qui n'était point vendu
lorsqu'on en a fait le total? C'est ce que je ne sais pas. Mais voici le rai-

SORTIE.

MARQUES.	DATES DES VENTES.	VENTES			NOMS DES ACHETEURS.
		TOTALES.	Nᵒˢ	PARTIELLES.	
B. D. Nᵒ 1 à 10. » » » » » » » »	1825. Mars 10 » » » » » » » » »	—	— 1 2 3 4 5 6 7 8 9 10	10 bariques. 800 kil. » 750 » 870 » 745 5o 674 5o	Vendu comptant à Vial.
A. C. Nᵒ 1 à 3.		3	11 12 13	3 balles coton. 5oo » 740 » 55o »	Vendu à Richard à 3 m/.
				Pièces à porter à la page suivante.	

sonnément que je me fais à cet égard : quel est le but qu'on se propose
en tenant un livre de magasin, ou tel autre livre qui reçoit et qui donne ?
c'est, je n'en doute nullement, de connaître à toute heure, à tout moment,
tout ce qui est entré, ou bien tout ce que le livre a reçu, et par la même
raison, tout ce que ce livre a donné; ou bien tout ce qui est sorti, et connaître en définitive ce dont le livre reste encore chargé. Je ne pense pas
que la méthode dont je viens de parler puisse atteindre ce but.

Voici maintenant ce que je propose de faire :

La page à gauche du livre du magasin qui sert à annoter les marchandises à leur entrée, peut être arrêtée dès qu'elle est remplie, et la quantité
totale être portée à la page suivante; puisque tout ce qui concerne les marchandises, la marque, les numéros, la date d'entrée, les quantités totales

(168)

et partielles, peuvent être mis à l'instant même. Il n'en est pas de même
pour la sortie, où l'on ne peut mettre provisoirement que la marque, les
numéros, et en tête de chaque sorte de marchandises, leur quantité totale, leur désignation et qualité, ainsi que je l'ai pratiqué au numéro
n° 1, séparé par un petit trait, et au-dessous du n° 11. (1); je ne porte
donc rien dans la colonne des quantités totales, qu'au moment où chaque
espèce de marchandises qui occupe plusieurs numéros, est vendue entière-
ment. C'est ainsi que j'en ai agi pour les trois balles de coton, première

(1) Quelques teneurs de livres au lieu de suivre les numéros, ainsi que je les ai suivis, re-
commencent au numéro 1 pour chaque espèce de marchandises. De cette manière les trois
balles de coton qui portent ici les N°ˢ 11, 12 et 13, porteraient les N°ˢ 1, 2 et 3.

PRÉSENTATIONS.						
MARQUES.	NUMÉROS DE COMMERCE.	NUMÉROS DE RÉGIE.	DEGRÉS.	JAUGES.	DATES DES SORTIES.	15 octor. 1824
		Rouyière et compagnie, transfert à Nadal.				
R. et comp.	79	365	21-3/4	2 85	1825. Mars 15	Livré à tel
	84	1040	dito.	1 65	» »	dito. dito.
	32	7440	dito.	1 65	» »	dito. dito.
	40	8900	dito.	1 60	» »	dito. dito.
	51	600	dito.	1 60		
	67	744	dito.	1 75		
	47	674	dito.	1 85		
	87	15	dito.	1 90		

Nota. Cette formule de Livre de magasin pour les liquides, est généralement adoptée
à l'Entrepôt, par MM. les marchands de vins et eaux-de-vie.

qualité. Pour le sucre, j'ai indiqué les cinq barriques vendues à Vial, en mettant en même temps les quantités partielles à côté du n°.; par ce moyen, tous les numéros qui restent en blanc sont ceux dont les marchandises ne sont pas encore vendues : j'arrête le bas de chaque page prête à recevoir les ventes totales, et, tant que la quantité n'y est pas portée, c'est un signe certain qu'il reste quelque marchandise de cette page à vendre.

Noᴛᴀ. Je serais assez d'avis qu'on ne fît pas suivre aux pages suivantes les quantités totales, ou bien alors qu'on fît suivre les numéros, comme je les ai suivis pour le côton ; ces ventes seraient alors le contrôle des numéros : sans cela je ne vois pas d'utilité à avoir un total de 10 barriques de sucre.

avec 3 balles de coton.

RÉSULTATS.

MARQUES.	NUMÉROS DE COMMERCE.	NUMÉROS DE RÉGIE.	DEGRÉS.	JAUGES.	DÉPOTAGE.
N.	79	9000	21,34	2, 85	2, 80
	84	9001	"	1, 65	1, 69
	32	9002	"	1, 65	1, 70
	40	9003	"	1, 60	1, 60
	51	9004	"	1, 60	
	67	9005	"	1, 75	
	47	9006	"	1, 85	
	87	9007	"	1, 90	

22

DU LIVRE DE FACTURES.

On dresse, dans ce livre, des comptes de toutes sortes de marchandises.

On indique dans une table qu'on fait au commencement du livre, les folios où sont ouverts les comptes, pour les trouver plus facilement.

Les comptes que l'on y forme le plus ordinairement sont:

1° Les factures des marchandises que l'on achète ou que l'on envoie pour compte d'autrui.

Dès que l'on a fait un achat pour compte d'autrui, avant d'en faire l'envoi, il en faut dresser facture sur ce livre, en ayant soin d'y relater tous les objets qui la composent : la marque, les numéros, le prix, les quantités et qualités, le montant; enfin, de qui on achète les marchandises, et par qui on les envoie. A la suite de la facture, on ajoute les emballages, droits, ports, et autres frais au montant de la facture, pour en faire un seul total.

On compte outre les frais que je viens de citer : la provision, selon l'usage de la place, que l'on ajoute à la facture; puis on fait du tout un article au Journal, dans lequel on débite celui pour compte de qui on reçoit ces marchandises. On a soin d'indiquer que le détail est au livre des factures, tel folio ; et, dans ce dernier, de mettre au bas de la facture : *envoyé copie tel jour,* porté au Journal le même jour (mettre ici le fol.).

<table>
<tr><td colspan="2"></td><td colspan="2" align="center">20 Janvier 1825.</td><td></td><td></td></tr>
<tr><td colspan="2"></td><td colspan="4">Facture de 110 pièces de vin de Bourgogne achetées par ordre de Bédaris, de Lille, et à lui expédiées pour son compte et risque par l'entremise de Guillot, commissionnaire de roulage, lesquelles pièces sont marquées et numérotées comme en marge.</td></tr>
<tr><td>A</td><td>E</td><td colspan="4" align="center">ACHETÉ COMPTANT A G^d FOULON.</td></tr>
<tr><td colspan="2">N°s 1 à 4.</td><td>N° 1. — 20 pièces vin de Bourgogne, 1re qualité,</td><td>à 100 fr.</td><td>2000</td><td>»</td></tr>
<tr><td colspan="2"></td><td>2. — 35 dito dito, 2e dito,</td><td>à 90</td><td>3150</td><td>»</td></tr>
<tr><td colspan="2"></td><td>3. — 40 dito dito, 3e dito,</td><td>à 80</td><td>3200</td><td>»</td></tr>
<tr><td colspan="2"></td><td>4. — 15 dito Chably blanc,</td><td>à 90</td><td>1350</td><td>»</td></tr>
<tr><td colspan="2"></td><td colspan="2"></td><td>9700</td><td>»</td></tr>
<tr><td colspan="2"></td><td colspan="4" align="center">FRAIS A AJOUTER.</td></tr>
<tr><td colspan="2"></td><td>Pour épingles de 20 pièces. . . . .</td><td>10</td><td>»</td><td></td></tr>
<tr><td colspan="2"></td><td>Pour dito de 35 dito. . . . .</td><td>18</td><td>»</td><td></td></tr>
<tr><td colspan="2"></td><td>Pour dito de 40 dito. . . . .</td><td>20</td><td>»</td><td></td></tr>
<tr><td colspan="2"></td><td>Pour dito de 15 dito. . . . .</td><td>8</td><td>»</td><td></td></tr>
<tr><td colspan="2"></td><td>Barrage de 110 pièces, à 50 c. . . . .</td><td>55</td><td>»</td><td></td></tr>
<tr><td colspan="2"></td><td>Pour sortie de la cave, à 25 c. . . . .</td><td>27</td><td>50</td><td></td></tr>
<tr><td colspan="2"></td><td>Commission de 3 p. 0/0 sur 9700 fr. . . . .</td><td>291</td><td>»</td><td>429</td><td>50</td></tr>
<tr><td colspan="2"></td><td colspan="3"></td><td>10129</td><td>50</td></tr>
<tr><td colspan="2"></td><td colspan="4">Envoyé copie le 22 janvier 1825, porté ledit jour au Journal f°</td></tr>
</table>

2° *Comptes des marchandises que l'on reçoit et que l'on vend en commission ou pour compte d'autrui.*

Quand un correspondant nous envoie des marchandises pour vendre pour lui, nous devons lui ouvrir un compte par débit et par crédit dans le livre des factures. On intitule ce compte, telles marchandises de tel, etc. A l'arrivée des marchandises, on porte au débit de ce compte la lettre de voiture, et tous les autres menus frais nécessités par elles.

A fur et à mesure qu'on fait des ventes, on en forme des articles au Journal pour débiter l'acheteur; et, lorsque la totalité est vendue, on porte au débit du compte, le magasinage, les ports de lettres et autres frais, et encore la provision du montant des ventes.

En déduisant tous les frais portés au débit, du produit des ventes totales, porté au crédit, ce qui reste est le net produit des marchandises.

DOIVENT				DRAPS DE LANGLOIS		
1825 Janvier.		15	Pour lettre de voiture et frais, à la réception d'un ballot n° 1, contenant 3 pièces drap. .		55	40
» Avril.		6	Courtage 1/2 p. o/o sur 5730 f.		28	65
			Provision 2 p. o/o sur 5730 f.		114	60
			Revenu net des 3 pièces drap ci-contre, que je porte au crédit de Langlois, sans préjudice des deniers à recevoir.		5531	35
			Envoyé copie le 6 avril 1825. Passé le même jour au Journal f°		5730	»

Ainsi, il résulte des draps vendus pour Langlois, d'Elbeuf, que son compte aurait été crédité le 15 mars, par le débit de la caisse du montant des deux pièces vendues à Sivart. — Le 6 avril, de la pièce vendue à Got, payable à six mois, et le même jour il aurait été débité du courtage et de la provision, faisant ensemble, 143 fr. 25 cent. On suppose ici que le 15 janvier, il l'a été de la lettre de voiture à l'arrivée.

Autre méthode.

Il y a des teneurs de livres qui trouvent plus commode d'ouvrir deux comptes, lorsqu'ils ont des marchandises pour vendre en commission; et voici comment ils les tiennent.

Dès qu'ils reçoivent facture du correspondant, et que les marchandises sont reconnues et emmagasinées, ils débitent le compte de ces marchandises du montant de la facture, par le crédit du compte ouvert à cet effet au correspondant, et portent au débit de ce dernier, la lettre de voiture et autres frais occasionés par les marchandises. A fur et à mesure des ventes, le compte des marchandises est crédité, et l'acheteur débité comme à l'ordinaire. S'ils font des remises avant celles du compte de vente, ils en débitent le correspondant. Enfin, quand la vente totale de ces marchandises est faite, s'il y a un bénéfice sur le prix d'abord fixé, ils le passent au crédit du compte du correspondant; la même chose, s'ils

On forme de ce reste un article au Journal, pour créditer le compte
du correspondant à qui appartiennent les marchandises.

(Voyez le modèle suivant.)

D'ELBEUF.					AVOIR.
1825 Mars.	15	2	Vendu comptant à Sivari : Pièces draps. N° 1. Bleu de roi 66 mèt. à 25 f.	1650	»
			3. Cendré 70 mèt. à 20 f. . . .	1400	»
Avril.	6	1	Vendu à Got à 6 mois : Pièce drap. 2. Noir 67 mèt. à 40 f. . . .	2680	»
		3		5730	»

éprouvent une perte, ils la passent au débit du correspondant : par ce
moyen, le compte des marchandises se trouve soldé.

Reste maintenant le compte du correspondant, quand ils lui remettent
le compte de vente, ils portent à leur débit, tous les frais qu'on a payés
pour lui : commission, courtage, magasinage, etc.; et le provenu net de
la vente lui est dû, sauf réduction des remises qu'on lui a faites à l'avance.

Terminons par un exemple qui rende cette explication plus sensible.

Supposons les trois pièces de drap ci-dessus, que Langlois envoie pour
être vendues en commission, et que sa facture soit dressée ainsi :

N° 1. — 1 pièce de drap bleu de roi, tirant 66 mètres à 24 fr.	1584	»
2. — 1 dito dito noir . . . . 67 à 35	2345	»
3. — 1 dito dito cendré . . . . 70 à 18	1260	»
		5189	»

Le compte des marchandises en commission de Langlois, d'Elbeuf,
sera débité de 5189 fr. au crédit dudit Langlois.

On portera à son débit les frais de lettre de voiture, payés à l'arrivée,
et par suite, la provision et le courtage, et les remises qui lui seront faites.
Au crédit des marchandises, on portera les ventes à mesure qu'elles se
feront, et on soldera le compte, comme je viens de l'indiquer, soit avec
perte, soit avec profit.

DOIVENT   MARCHANDISES EN COMMISSON DE

1825. Janvier.	15	à Langlois , d'Elbeuf , sa facture drap. .	o	o	5189	»
Avril.	6	à d° pour bénéfice. . .	o	o	541	»
					5730	»

DOIT   LANGLOIS, D'ELBEUF,

1825. Janvier.	15	à Caisse, pour lettre de voiture.	o	o	55	40
Avril.	6	à Profits et Pertes, pour provision et c^age.	o	o	142	»
»	»	à Effets à recevoir, le n° 5, au 15 mai. .	o	o	900	»
»	»	à Caisse, payé leur mandat. . .	o	o	300	»
					1397	40

Maintenant, supposons qu'on lui remette le compte de vente : on en
déduira les frais payés et les remises faites, et il lui reviendra en solde
4332 fr. 60 cent., ce qui donne le même résultat que nous avons eu d'autre part, si nous ajoutons à cette dernière somme les 1200 fr. qu'on lui a
remis et qui ne figurent pas dans le compte précédent.

Nota. J'ai passé la provision et le courtage à profits et pertes; mais si l'on avait un
compte de provision et un de courtage, ce serait au crédit de ces comptes qu'ils fau-
draient les passer.

Exemple des marchandises en commission de Langlois, d'Elbeuf,
au débit de 5730 fr. qu'avait dédit ledit Langlois.

On paiera à son débit les frais de lettre de voiture, payés à l'arrivée,
et par suite la provision et le courtage, et les remises qui lui seront faites.
Au crédit des marchandises, on passera les ventes à mesure qu'elles se
feront, et on soldera le compte, comme je viens de l'indiquer, soit avec
perte, soit avec profit.

LANGLOIS, d'Elbeuf.   *AVOIR.*

1825. Mars.	15	Par Caisse,	vente comptant. . .	0	0	3050	»
Avril.	6	Par Got,	facture à 6 mois. . .	0	0	2680	»
						5730	»

AVOIR.

1825. Janvier.	15	Par March^es en c^on, leur facture. . . .	0	0	5189	»
Avril.	6	Par d° bénéfices.	0	0	541	»
						5730	»

3° *Comptes des marchandises que l'on envoie à des correspondans pour vendre pour notre compte ou en commission.*

Si nous connaissions ce qu'a fait Langlois, d'Elbeuf, pour les marchandises qu'il nous a envoyées pour vendre pour son compte, ou en commission, nous saurions, à n'en pas douter, ce que nous avons à faire maintenant, puisque le correspondant à qui nous enverrons fera lui-même ce que nous avons fait pour celles qu'on nous a envoyées.

Ainsi, pour envoyer des marchandises à Langlois, d'Elbeuf, par exemple, il faut dresser la facture, y porter le prix qu'on juge à propos d'y porter, ouvrir un compte dans le livre des factures, qu'on intitule : *telles marchandises chez un tel de tel endroit, doivent :* d'abord le montant de la facture, et ensuite les frais que l'on aura faits à leur sujet.

Lorsque Langlois nous remettra le compte de vente on en portera, après vérification faite, en fesant un article au Journal, le provenu net au débit de son compte par le crédit des marchandises. Ensuite on examinera ce compte au livre des factures ; et, si le crédit excède le débit , l'excédant sera le bénéfice ; si, au contraire, le débit surpasse le crédit , le

DOIT.				SAVON DE MARSEILLE,		
1825. Mars	15	Pour Envoi de 4 Caisses Savon.				
»	»	N° 1. C/ net 160 kilo.				
»	»	2. » 180				
»	»	3. » 195				
»	»	4. » 205				
			740	Net, 700 kilo à 2 fr,	1400	»
		Tare, 10 kilo par C/ 40				
Juin	15	Pour profits sur la Vente.			175	50
					1575	50

4° Comptes des marchandises en société, dont on a la direction.

Quand on a des marchandises en société, et qu'on en a la direction , on débite l'associé pour sa moitié.

On ouvre pour ces marchandises un compte au Livre des factures, qu'on intitule *Marchandises, avec tel doivent* ; ici on désigne tous les associés , et la portion pour laquelle chacun d'eux y est intéressé.

Tous les frais que ces marchandises occasionnent sont portés au débit de ce compte , et les ventes, à mesure qu'elles ont lieu, au crédit, outre les articles que l'on forme au Journal pour débiter les acheteurs.

Quand la totalité des marchandises est vendue, on porte au débit du compte les divers frais qu'on a payés, comme magasinage, courtage, commission, etc. ; et, lorsque tous ces frais sont déduits du montant des ventes, le reste est le net provenu des marchandises. On partage, ainsi que je l'ai pratiqué au modèle donné ci-après , le provenu net entre tous les associés , suivant l'intérêt que chacun d'eux a dans les marchandises.

On forme un article au Journal pour porter au crédit du compte de surplus sera la perte. Dans l'un ou l'autre cas, on soldera ce compte par profits et pertes.

Chez LANGLOIS, d'Elbeuf.   *AVOIR*.

| 1825. | Juin | 15 | Pour net provenu des 4 Caisses suivant le compte de vente qu'il m'a remis. . . . . | 1575 | 5o |
| | | | | | |

Passé au Journal, le 15 Juin, f°

chaque associé la portion qui lui revient ; et on a soin d'indiquer au Livre des factures, ainsi que nous l'avons fait pour les comptes qui précèdent, le folio du Journal où cet article est porté.

23

DOIVENT. Vins de moitié avec

1825.	Avril	15	Payé au tonnellier, pour frais.		5	40	
»	»	»	Payé pour magasinage.		10	»	
Mai		10	Pour provision d'achat et vente.		65	»	
					80	40	
			Net, provenu des 4 pièces. . 3169 fr. 60 c.				
			A Richard pour 1/2. . . . . . 1584 80		3169	60	
			Et à moi 1/2. . . . . . 1584 80				
					3250	»	
			Passé ledit jour au Journal, au compte Richard, pour sa moitié, fº.				

5º *Comptes des marchandises en société ; dont un autre a la direction.*

Lorsqu'un correspondant est chargé de l'achat et de la vente de marchandises en société, et qu'il nous en fournit la facture, il faut de suite former un article au Journal et le créditer de la moitié du montant de cette facture, et en même temps établir un compte dans le Livre des factures, que l'on débite de cette même moitié, en ayant soin de mettre dans ce dernier livre la page du Journal où le correspondant a été crédité.

DOIVENT. Vins chez BELLEVILLE,

1825.	Mars	15	Pour ma moitié ; 30 pièces.	15	2000	»
	Mai	15	Pour ma moitié des bénéfices.	25	340	»
					2340	»

Tout ce qui vient d'être dit par rapport aux marchandises que l'on achète et que l'on envoie pour compte d'autrui, à celles que l'on reçoit et

RICHARD, DE PARIS.   *AVOIR.*

1825.	Mai	10	Vendu comptant à Naudin.					
		2	Pièces.					
			Nᵒ 4.	900	»			
			2.	800	»	1700	»
	Mai	10	Vendu comptant à Noel.					
		2	Pièces.					
			Nᵒ 1.	700	»			
			3.	850	»	1550	»
		4	Pièces, produit.	. . .		3250	»
			Passé ledit jour, au Journal, fᵒ.					

Lorsque les marchandises sont vendues, et que notre correspondant
nous en fournit le compte de vente, on débite son compte du provenu net;
on crédite de même du provenu net le compte des marchandises au livre
des factures; on indique à quelle page du Journal le correspondant a été
débité.

DE MOITIÉ AVEC LUI.   *AVOIR.*

1825.	Mai.	15	Pour ma moitié du net provenu, suivant le compte que ledit Belleville m'a remis. .	25		2340	»
			Passé au Journal ledit jour, fᵒ.				

que l'on vend en commission, ou pour compte d'autrui, aux comptes des
marchandises que l'on envoie à des correspondans pour vendre pour

notre compte ou en commission , aux comptes des marchandises en société dont on a la direction , et enfin aux comptes des marchandises dont
une autre a la direction , ne dispense pas les commerçans de porter ces
marchandises au Livre du magasin pour y recevoir un numéro d'entrée et
en constater la sortie ; et qu'on ne pense pas, comme quelques personnes
le prétendent , que c'est multiplier les écritures : ce Livre , comme on le
voit ici , ne saurait être remplacé par le Livre du magasin ; son usage est
tout à fait différent.

L'un est établi pour recevoir généralement toutes les marchandises qui
entrent dans les magasins d'un commerçant, et en constater la sortie ; tandis que l'autre ne renferme que les comptes de diverses sortes de marchandises que nous vendons ou que nous achetons en communauté.

Par les diverses formes que j'ai données aux divers comptes qui entrent
dans le Livre des factures , on voit aisément que le tracé ne peut se faire à
l'avance : que ce Livre doit être disposé simplement avec réglure en tra-
vers : le reste se fait à mesure qu'on ouvre les comptes.

On peut encore dresser dans ce Livre toutes sortes de comptes , états ,
mémoires et notes concernant les marchandises , et encore tous les comptes
de quelques effets que l'on veut tenir séparément , comme de navires ,
cargaison pour notre compte , expéditions, etc. , etc.

Du Livre des commissions.

Je ne pense pas qu'il soit nécessaire de donner un modèle de ce Livre.
Les commerçans s'en servent pour noter les ordres , commissions et avis
que leur donnent leurs correspondans. Je ne parlerai pas non plus du Livre
de banque, qui n'est en usage que dans les villes qui en ont une. Ce Livre
se tient par débit et par crédit ; le débit se compose des remises ou paiemens que l'on fait pour la Banque, et le crédit des sommes que la Banque
paye pour notre compte.

Du Livre des ports de lettres.

Ce Livre ne se tient que pour les correspondans qui doivent nous rem-
bourser les lettres que nous payons pour eux. Chacun des correspondans
y a un compte ouvert, dont le montant se porte au Livre des comptes

courans en un seul article, au moment où l'on remet le compte au correspondant.

Du Livre de dépenses générales.

On porte sur ce livre, jour par jour, les dépenses de maison et les menus frais, tels que ports d'argent, ports de lettres, commissions, octrois, douanes, courtage, portefaix, etc. Le caissier en arrête le montant chaque fois qu'il fait sa caisse, pour l'ajouter aux espèces qui lui restent, et, à la fin de chaque mois, il l'arrête pour en passer le montant en un seul article au crédit de la caisse.

Outre les livres dont il vient d'être question, il y en a encore plusieurs autres, dont l'usage même peut être assez ordinaire, mais dont il est presque impossible de prescrire les règles. Par exemple : un commis-voyageur porte toujours avec lui un carnet qu'il tient à sa volonté, pourvu qu'il y note fidèlement les sommes qu'il reçoit, celles qu'il paye pour le compte de la maison, et enfin tout ce qui a rapport à sa mission, afin qu'à son retour on puisse facilement établir son compte. Le teneur de livres consulte à cet égard la correspondance du commis-voyageur, qu'il compare aux notes que ce dernier a prises sur son carnet.

Le même cas arrive lorsqu'il y a plusieurs associés dans une affaire; chacun des associés tient un carnet particulier, sur lequel il écrit ce qu'il reçoit et ce qu'il paye pour son compte particulier, afin de connaître à tout moment sa situation envers la société.

Nota. Quelques personnes tiennent un seul livre d'achats et ventes, qu'ils tiennent encore de deux manières, l'une en forme de compte courant par débit et par crédit, et l'autre, les achats et les ventes à fur et à mesure qu'on les fait.

La première de ces méthodes est superflue, puisque le livre des numéros représente l'état des marchandises entrées en magasin, et celles qui sont vendues. La seconde ne saurait être appliquée à ma méthode qui veut que chaque espèce ait un livre auxiliaire séparé.

Des différentes actions que forment les traites et remises.

Les traites et remises, ou les lettres de change forment sept actions.

1º Quand je tire sur un autre;
2º Quand un autre tire sur moi;

3° Quand je remets à un autre;

4° Quand un autre me remet;

5° Quand un autre tire et remet pour mon compte et celui d'un de mes correspondans;

6° Quand un autre tire ou remet pour son compte à un de mes correspondans, et que celui-ci reçoit ou accepte pour mon compte;

7° Quand un autre tire ou remet pour mon compte à un de mes correspondans, et que celui-ci reçoit ou accepte pour son compte;

Chacune de ces sept actions se peut faire de deux manières:

1° Pour mon compte;

2° Pour compte d'autrui.

Il y a des commerçans qui tiennent un Livre d'acceptation, et un Livre des remises, d'autres un seul qu'ils intitulent : Lettres et Remises. L'ordre qu'ils observent dans ce dernier cas, est d'y donner un compte par débit et par crédit à chaque correspondant avec qui ils font commerce de lettres de change. Le débit se forme avec les traites qu'ils acceptent, et le crédit avec les remises qu'on leur fait.

Ces divers Livres sont remplacés dans ma méthode par le Livre d'effets à recevoir qui renferme tous ceux de cette nature, et par le Livre d'effets à payer, où j'inscris également tous les effets de cette nature.

NOTE. On pourrait pratiquer aux livres d'effets à recevoir et à payer deux colonnes pour indiquer le gain ou la perte qui résulterait de l'effet de la négociation.

MÉTHODE POUR TROUVER UNE ÉPOQUE COMMUNE.

Lorsque les commerçans se chargent de payer, pour un de leurs correspondans, une somme déterminée à époque fixe, et qu'ils reçoivent en paiement de cette somme quinze ou vingt remises, plus ou moins, à diverses échéances, pour ménager les écritures, je ne dis pas le temps, et porter d'un seul article au Grand-Livre toutes ces remises, en leur donnant une époque commune pour les intérêts, ils en dressent un bordereau pour fixer cette époque, afin de diminuer les intérêts de la somme totale qu'il a remise et arrêter le reste de son débit, valeur du jour du paiement qui a été fait pour lui.

Je suppose que Rivals de Bordeaux fasse traite sur Louvet de Paris pour une somme de 30,000 francs, payable le premier août 1824, et qu'en paiement de cette somme, il lui remettre les effets ci-après, dont je forme le bordereau pour obtenir l'époque commune.

						Jours.		
1824.	Septembre.	30	—	7801	50		0	0
	Octobre.	1	—	568	»	»	1	568
	»	2	—	500	»	»	2	1000
	»	5	—	201	»	»	5	1005
	»	10	—	2073	80	»	10	20730
	»	15	—	1114	»	»	15	16710
	»	25	—	500	»	»	25	12500
	»	31	—	3562	10	»	31	110422
	Novembre.	1	—	636	50	»	32	20368
	»	5	—	501	»	»	36	18036
	»	15	—	2000	»	»	51	102000
	»	30	—	5485	10	»	66	362010
	Décembre.	2	—	1000	»	»	68	68000
	»	15	—	1330	»	»	81	107730
	»	16	—	467	»	»	82	53374
1825.	Janvier...	15	—	480	»	»	112	53760
	»	31	—	655	»	»	128	83840
	Avril....	30	—	678	»	»	217	147126
	Mai.....	31	—	470	»	»	247	116090
				29963	»			1275269

Cette opération terminée, je divise 1, 275, 269 jours par 29963 francs, montant des remises; j'obtiens un quotient de 42 jours, plus une fraction de $\frac{16823}{29963}$, un peu plus de moitié. L'époque commune sera donc, en négligligeant la fraction de 42 jours, à partir du 30 septembre 1824, ou bien le 11 novembre suivant.

Si Louvet de Paris devait payer la traite de 30,000 fr. le 30 septembre 1824, il n'y aurait à compter que 42 jours d'intérêts sur les 29963 fr. (1). Mais comme il la paye le premier août 1824, il faut compter en rétrogradant du 11 novembre au premier août, pour fixer le nombre de jours, qui sera de 102. Une fois ce nombre trouvé, je le multiplie par 29963, montant des remises; je divise le produit par 6000, comme on le fait ordinairement lorsque le taux de l'intérêt est à 6 p. oo. La réponse sera 509 fr. 37 c. On pourra donc établir le compte, ainsi que je vais le faire.

RIVALS, de Bordeaux, *doit* à LOUVET, de Paris. . 30000 l. »

En paiement de cette somme, Louvet reçoit 19 effets à diverses époques, montant à . . . . 29,963 »

Sur laquelle somme il y a à déduire, pour retard de paiement, suivant le bordereau dressé d'autre part. 509 37

Il ne paie donc réellement, le 1er août, que 29453 63
Et reste débiteur, à la même époque, de. . 546 37

SOMME ÉGALE au débit, ... 30000 »

NOTA. On obtiendrait le même résultat en ajoutant à chaque remise les intérêts pour le nombre de jours qu'elle a à parcourir du 1er août à son échéance.

COMPTES D'INTÉRÊTS.

Les comptes d'intérêts s'établissent de plusieurs manières et à plusieurs taux, suivant l'usage des places et les conventions faites entre les négocians. Le taux du commerce en France est de 6 p. 100 l'an.

Je vais en donner quelques modèles, avec les instructions que je croirai convenables à chacun d'eux pour en faciliter la pratique.

---

(1) Quand l'époque commune est connue, il faut toujours rétrograder ou avancer jusqu'à celle où le paiement s'effectue, pour avoir le nombre de jours.

COMPTE D'INTÉRÊTS PAR ÉCHELLE.

Rouval de Marseille fait sur Gombert de Paris divers mandats que ce dernier acquitte; il reçoit, en paiement de ces mandats, diverses remises que lui fait Rouval. Les intérêts pour les avances que fera Gombert sont fixés à 6 p. 100 l'an, sans préjudice des commissions, courtage, change de place, ports de lettres, etc, que l'on compte lorsque ces sortes d'opérations ont lieu.

Gombert arrête le compte, valeur au 30 juin 1825. Il en remet la copie suivante à Rouval pour qu'il la reconnaisse et l'arrête de conformité.

DOIT ROUVAL, DE MARSEILLE, son Compte

1825				
Janvier		Payé son mandat o/ Nadal.	9000	»
Février	1	Payé son *dito* o/ Guitel.	1000	»
Mars.	5	Payé son *dito* o/ Stouf.	5000	»
	15	Payé son *dito* o/ Noel.	4000	»
			19000	»
Juin	30	Pour intérêts suivant le relevé ci-dessous.	201	85
		Pour provision s/ 19000 fr. 1/2 p. o/o.	95	
		Pour courtage s/ 13000 fr. 1/4 p. o/o.	32	50
		Pour ports de lettres jusqu'à ce jour.	9	50
			19338	83
Juin	30	Débiteur à nouveau, valeur ce jour.	338	83

Pour ajouter les intérêts au compte ci-dessus, je les ai calculés ainsi :

9000	»	Du 1er janvier au 5 mars.	65	585000
1000	»	Du 1er février au 5 *dito*.	35	35000
5000	»	Du 1er mars au 5 *dito*.	5	25000
15000	»			645000
10000	»	Otez.		
5000	»	Du 5 mars au 30 avril.	55	275000
4000	»	Du 15 *dito* au 30 *dito*.	45	180000
9000	»			
5000	»	Otez.		
4000	»	Du 30 avril au 15 mai.	15	60000
1000	»	Otez.		
3000	»	Du 15 mai au 30 mai.	15	45000
3000	»	Otez.		
00		Reste rien.		1205000

Chez GOMBERT, DE PARIS.   *AVOIR.*

1825. Mars.	5	En son mandat sur Dol, d'Orléans, vue.	10000	»
»	15	En son *dito* sur Vidal, de Paris, au 30 avril.	5000	»
»	»	En son *dito* sur ledit, au 15 mai.	1000	»
Avril.	17	En son *dito* sur ledit, au 30 mai.	3000	»
			19000	»
		Balance en ma faveur.	338	83
			19338	83

Instruction pour former le relevé ci-contre.

J'ai posé d'abord la première somme du débit du compte ci-dessus, 9000 fr. que Gombert a avancés du premier janvier au 5 mars, soit 65 jours, que je multiplie par 9000 fr. pour en poser le produit dans la colonne des nombres. Ensuite les 1000 fr. du premier février au 5 mars, soit 55 jours que je multiplie encore par 1000 fr. Enfin, je pose au-dessous les 5000 fr. que Gombert a payés le premier mars ; je fais la même opération qu'aux deux autres sommes (1). Je forme un total de 15000 fr.

(1) J'aurais obtenu le même résultat, si j'avais pris les intérêts sur 9000 fr., d'abord jusqu'au 1er février, ensuite du 1er février au 1er mars sur 10000, et du 1er au 5 mars sur 15000.

	EXEMPLE :	
9000 fr.	du 1er janvier au 1er février, 30 jours.	270000
1000		
10000	du 1er février au 1er mars, 30 jours,	300000
5000		
15000	du 1er au 5 mars, 5 jours.	75000
	SOMME PAREILLE à celle qui figure à l'état ci-contre.	645000

Je soustrais de cette somme les 10000 fr. que Rouval a payés le 5 mars; il ne reste plus débiteur, à cette époque, que d'une somme de 5000 fr. Je continue les mêmes opérations jusqu'à la dernière somme; je fais l'addition des nombres que je divise par 6000. Le quotient me donne, pour les intérêts qui sont dus à Gombert, une somme de 201-83, que je porte à nouveau au débit de Rouval, valeur du 30 juin 1815.

COMPTES D'INTÉRÊTS REMIS EN VILLE.

On a peu l'habitude d'établir des comptes d'intérêts, ainsi que je l'ai pratiqué ci-dessous; je pense que c'est faute d'en avoir calculé tous les avantages. La méthode est aussi simple à la pratique que celle qu'on emploie journellement. Ses résultats sont les mêmes; nulle différence ne s'aperçoit dans le travail, ainsi qu'on peut le voir par les deux comptes qui suivent. L'un calculé suivant cette méthode, et l'autre suivant la méthode ordinaire. Ils marchent en sens inverse; et voilà tout.

Chaque article porté dans le compte de la méthode ordinaire, porte intérêt à celui qui l'a fourni, depuis le jour de la recette au jour où le compte est arrêté; tandis que, dans l'autre, chaque somme, payée après le départ

DOIT MALHERBE, en ville, son Compte courant et d'intérêts

		Jours.		Départ du 1er	
9000	»	»	L'arrêté du compte du.	1	Janvier.
1000	»	»	Pour acquit de son mandat.	1	Février.
5000	»	»	Pour écus.	15	dito.
4000	»	»	Payé sur mandat.	15	Mars.
108	33	65	. . . .		
100	»	120	. . . .		
2	17	130	. . . .		
22	50	135	. . . .		
75	»	150	. . . .		
»	»				
19308	»				
115	50		Débiteur à nouveau, valeur.	30	Juin.

du compte, doit les intérêts à celui à qui elle est payée, pour le nombre de jours qu'il y a de celui du départ du compte au paiement de la somme. Je vais essayer de fixer les principes de chacun de ces deux comptes.

Méthode ordinaire.

Lorsqu'un négociant remet un compte d'intérêts à un correspondant, il fixe arbitrairement l'époque où la valeur en sera payée, ou du moins où le solde de compte à nouveau portera intérêt.

Il dispose son compte au débit, comme au crédit, pour recevoir les dates des paiemens ou des recettes, les sommes formant chaque article, et, à chaque article, il calcule, de l'époque du paiement, ou de la recette, à celle où le compte doit être arrêté, le nombre de jours qu'il y a à courir; il les pose dans une colonne, à ce destinée, pour ensuite en déterminer les intérêts. Dès que ce travail est fait, il compare le produit des intérêts, pour les égaliser, en portant la différence qu'il trouve au débit des capitaux, ainsi que je l'ai fait au compte qui suit.

Voyez la balance des nombres en ma faveur audit compte 205 fr.

Après qu'il a balancé la colonne des nombres, il fait la même opération sur les capitaux pour connaître la somme dont son correspondant reste débiteur ou créditeur.

à 6 pour o/o l'an, chez DUVAL ET COMP.   *AVOIR.*

Janvier 1825.						
				0	»	»
				3o	5	»
				45	37	5o
				75	5o	»
1825. Mars.	5	En écus.		0	10000	»
»	15	En son billet fin avril.		0	5000	»
Mai.	10	En écus.		0	100	»
ń	15	En écus.		0	1000	»
»	3o	En écus.		0	3000	»
			BALANCE en ma faveur.		115	5o
			Valeur arrêtée le 3o juin 1825.		19308	»
			Sauf erreur ou omission.			

DOIT   COLIN , DE PARIS , son Compte courant et d'intérêts

Valeur au

1825. Janvier.	1	Pour le compte arrêté ce jour. .	9000	»	180	1620000	N. R.
Février.	1	Payé son mandat o/ Jean. . .	1000	»	150	150000	
»	15	Payé son mandat o/ Stouf. . .	5000	»	135	675000	
Mars.	15	Payé son mandat o/ Gabriel. .	4000	»	105	420000	
Juin.	25	Pour notre billet 15 juillet. .	3000	»	15	45000	
»	30	Payé son mandat. . .	2000	»	0	» »	
		BALANCE des nombres. . .	205	»	0	» »	
				»	»	» »	
		. . . . .	24205	»		2865000	
		Débiteur à nouveau , valeur ce j.	5105	»			

Par l'intitulé de ce compte, il y a condition tacite que celui qui restera débiteur le 30 juin, devra payer le même jour ou ténir compte des intérêts. Aussi voit-on que cette condition a été suivie pour l'arrêté du premier janvier, formant le premier article du débit, à la suite duquel on a porté 180 jours. — On remarquera que le 25 juin, Colin se trouve débité du billet Eripé et Comp.; que ce billet n'est payable que le 15 juillet suivant; que, par conséquent, ils leur doivent les intérêts de 3000 francs pendant quinze jours; aussi ai-je marqué ces nombres d'un R, pour

Monsieur GOLIN , DE PARIS , son Compte courant et d'intérêts.

DOIT.						AVOIR.		
							Départ du	
9000	»	1825. Janvier.	1	Pour le compte arrêté ce jour. .		0		0
1000	»	Février.	1	Payé son mandat o/ Jean. . .		30		30000
5000	»	»	15	Payé son mandat o/ Stouf. . .		45		225000
4000	»	Mars. .	15	Payé son mandat o/ Gabriel. .		75		300000
3000	»	Juin. .	25	Pour notre billet à s/ o/ 15 juillet.		195		585000
2000	»	»	30	Payé son mandat.		180		360000
205	»			BALANCE des nombres. . .		0		1230000
24205	»							2730000
5105	»	Juin. .	30	Débit à nouv. pr la balance ci-c{tre}.				

à 6 p. o/o l'an, chez ÉRIPÉ ET COMP., de Rouen.   *AVOIR.*

3o Juin 1825.

1825. Mars.	5	En son mandat sur Val, à vue.	10000	»	115	1150000
»	15	En son *dito dito*, fin avril.	5000	»	60	300000
Mai.	10	En écus reçus de Noël.	100	»	50	5000
»	15	En *dito dito*.	1000	»	45	45000
»	3o	En *dito dito*.	3000	»	3o	90000
		Nombres rouges.	»	»	0	45000
		BALANCE des nombres.	»	»	0	1230000
		BALANCE en notre faveur.	5105	»	0	
			24205	»		2865000
		Sauf erreur ou omission.				

indiquer qu'ils sont nombres rouges, et qu'ils doivent être portés au
crédit de Colin, et ne point figurer dans l'addition du débit.

De l'autre méthode.

Avant d'entrer dans aucun détail sur cette méthode, je vais établir,
suivant que je m'en fais l'idée, le compte qui doit servir de modèle; et
pour que le lecteur puisse mieux juger de son avantage, je prendrai les
mêmes élémens qui composent celui qui précède.

fixés à 6 pour o/o l'an, chez ÉRIPÉ ET COMP., DE ROUEN.

AVOIR.   DOIT.

1er Janvier 1825.

10000	»	1825. Mars.	5	En son mandat sur Val, à vue.	65	650000
5000	»	»	15	En son mandat sur ledit, fin avril.	120	600000
100	»	Mai.	10	En écus reçus de Noël.	130	13000
1000	»	»	15	En *dito dito*.	135	135000
3000	»	»	3o	En *dito dito*.	150	450000
5105	»			BALANCE en notre faveur.	180	882000
»	»					»
24205	6			Arrêté le 3o juin 1825.		2730000
				Sauf erreur ou omission.		

Nous voyons, par la manière dont le compte d'autre part est établi, que le point du départ est le premier janvier 1825. A cette époque. M. Colin devait 9000 fr. à MM. Eripé et compagnie, pour l'arrêté de compte qu'ils avaient fait de conformité. Le premier février, Colin est débité pour le mandat de 1000 fr. qu'ils ont acquitté, et crédité de 30 jours d'intérêt pour cette somme; le 15 février, de 5000 francs, et crédité de 45 jours d'intérêt; le 15 mars, de 4000, et crédité par la même raison de 75 jours d'intérêt; le 25 juin, du billet remis par Eripé et compagnie, et crédité de 195 jours d'intérêt; enfin, le 30 juin, débité de 2000 pour l'acquit de son mandat, et crédité de 180 jours d'intérêt.

On voit que les intérêts croissent à mesure qu'on s'éloigne du point de départ du compte, et cela doit être, puisque l'on compte toujours en rétrogradant du jour où les sommes sont payées à l'époque du départ du compte. La marche est donc inverse à celle du compte précédent, comme je le disais tout à l'heure,

Le même travail se fait sur les articles qui composent le crédit. Chaque somme payée par Colin est portée à son crédit, et les intérêts du jour où la somme a été payée, en rétrogradant jusqu'au départ du compte à son débit. Ainsi, pour exemple, le 5 mars, il a été crédité de 10000 fr. et débité par contre de 65 jours pour le retard du paiement de cette somme. Les autres articles ont été calculés d'après les mêmes principes.

Lorsque les nombres de toutes les sommes qui sont portées tant au débit qu'au crédit sont posés, je fais l'addition des capitaux; je déduis des 24000 fr. trouvés au débit, les 19100 fr. que je trouve au crédit, la balance des capitaux est en faveur d'Éripé et compag, de 4900 fr. Colin doit pour cette somme 180 jours d'intérêts, puisque j'arrête le compte le 30 juin, et que le point de départ est le premier janvier. Je porte le produit des 180 jours, multipliés par 4900 fr., montant de la balance des capitaux, qui est de 882000 dans la colonne des nombres. Je fais l'addition des nombres pour en connaître la différence; dès que je l'ai trouvée, je la porte au crédit de Colin pour faire la balance; et en même temps je porte le produit de cette balance à son débit. Elle est ici de 1,230,000 pour les nombres qui produisent 205 fr. J'ajoute ces 205 fr. aux 4900 fr. fesant la balance des capitaux, et Colin se trouve être débiteur à nouveau, valeur au 30 juin, d'une somme de 5105 francs.

Avantages de cette méthode.

Les avantages de cette méthode sont sensibles : une fois le point de départ fixé, le teneur de livres peut préparer son compte et y porter les intérêts de chaque article, tant à ceux du débit qu'à ceux du crédit, à mesure qu'ils ont lieu ; de façon que le compte peut durer six mois, un, deux et trois ans ou davantage, sans qu'il y ait jamais plus d'un article à calculer les intérêts, lorsqu'on voudra arrêter le compte pour le donner ; et cet article sera toujours la balance des capitaux, telle qu'elle se trouvera, soit au débit, soit au crédit, et sans avoir égard aux intérêts qui font l'objet de la totalité des articles. — Bien entendu que les intérêts sur la balance des capitaux se prennent toujours du jour où l'on arrête le compte en rétrogradant jusqu'à l'époque du départ.

NOTA. Les nombres rouges, qui figurent dans le compte, faisant partie de la première méthode, ne sont jamais compris dans l'addition : au contraire, s'ils sont au débit, on les transporte au crédit, en bloc, s'il y en a plusieurs, après ces mots : *Nombres rouges*. On les comprend dans le total du crédit ; s'ils sont au crédit, la même opération a lieu en sens inverse.

Cette dernière méthode n'admet pas les nombres rouges, quelque longues que soient les échéances, à moins que, par fantaisie, la personne chargée de remettre le compte ne veuille le commencer que lorsqu'il y aura une somme de payée ou reçue ; cette somme, précédant le point du départ du compte, produirait nécessairement des nombres rouges ; mais je pense qu'il est plus naturel que le premier article fixe le point du départ.

Que l'article qui fixe le départ du compte, soit au débit ou au crédit, il ne porte pas intérêt. (*Voyez* la Balance du 1er janvier, au compte qui précède.)

Des causes accidentelles qui peuvent arrêter lors de la remise d'un compte portant intérêt, et des moyens d'y remédier.

Il peut arriver, dans l'intervalle d'un compte à un autre compte portant intérêt, que les parties intéressées fassent une ou plusieurs opérations, avec des conditions spéciales ; qu'au lieu de compter 6 p. 100, on ne compte que 5, 4 ou 3 sur telle opération, ou bien que l'une des parties accorde à l'autre 6 p. 100 d'intérêt, tandis qu'elle ne recevra que 5.

Au moment d'établir le compte, si l'une des conditions précitées existe, pour le faire plus facilement, on calculera les jours comme à l'ordinaire ;

et puis, sur le produit, on prendra la partie qui sera indiquée par le taux
de l'intérêt, de façon que tout le compte soit réduit au taux que la partie
qui le remettra aura fixé.

Exemple :

Supposons que le compte soit dressé et fixé à 6 p. 100 l'an, et que, dans
les articles qui le composent, il se trouve

3000 fr. à 4 p. o/o l'an pr 3 mois ou 90 jours.	~270000~	les 2/3 sont	180000.	
5000 à 5 p. o/o l'an pr 6 ou 180	~900000~	les 5/6 sont	750000.	
9000 à 6 p. o/o l'an pr 4 ou 120			1080000.	
			2010000.	

On voit clairement qu'après avoir multiplié les 3000 fr. par 90 jours,
j'ai pris les deux tiers du produit 270,000, soit 180,000 que j'ai posés dans
la colonne des nombres. Les 5,000 fr. à 5 p. 100, multipliés par 180 jours,
m'ont donné 900,000, sur lesquels j'ai pris les cinq sixièmes, soit 750,000,
que j'ai portés aussi dans la colonne des nombres. Enfin, j'ai multiplié les
9000 à 6 p. 100 par 120 jours, et j'ai porté le produit 1,080,000 dans la
colonne des nombres, attendu que c'est le taux de 6 p. 100 que j'ai pris
pour base du compte.

Nota. Les nombres qui sont barrés ne doivent pas figurer au compte ; ils ne sont
portés ici que pour donner une idée de la marche qu'on a suivie pour faire l'opération.

*Tableau pour calculer les intérêts de 3 p. 100, en augmentant progressi-
vement de ce taux à celui de 6 p. 100, par huitième, quart, demi et trois
quarts.*

à 3 p. pour o/o divisés par	12000
à 3 1/8 dito par	11520
à 3 1/4 dito	11076
à 3 1/2 dito	10285
à 3 3/4 dito	9600
à 4 dito	9000
à 4 1/8	8727
à 4 1/4	8470
à 4 1/2	8000
à 4 3/4	7578
à 5	7200
à 5 1/8	7024
à 5 1/4	6857
à 5 1/2	6545
à 5 3/4	6260
à 6	6000

Je n'ai continué ce tableau que jusqu'à 6 p. 100 l'an. Les personnes qui voudront le suivre jusqu'à 9, ou plus haut, pourront le faire, en suivant la méthode qui m'a servi à le former jusqu'à 6.

Voici cette méthode.

L'année est composée de 365 jours; mais dans le commerce on né la compte généralement que pour 360, lorsqu'il s'agit d'établir les comptes d'intérêt. Il s'ensuit que, pour avoir l'intérêt d'un jour d'une somme quelconque, et à quelque taux qu'il soit fixé, il faut multiplier par le taux de l'intérêt d'un an, et diviser le produit d'abord par 100, et ensuite par 360. Mais pour rendre l'opération plus brève, on divise par 360,000, ou bien par 36 en supprimant trois zéros.

Soit, par exemple, 3000 fr. à 6 p. 100, le produit sera 18,000; si l'on divise ce produit par 36,000, ou bien 18 par 36, en supprimant au dividende et au diviseur trois zéros, ainsi que je viens de le dire, on aura un quotient de 50 centièmes; 3000 fr. donnent donc un intérêt de 50 cent. par jour.

3000 fr. de capital donnent de rente par jour. . » fr. 50 c.
Par mois. . . . . 15 »
Et par an. . . . . 180 »

On voit que, connaissant l'intérêt d'un jour, je le multiplie par 30 pour avoir celui d'un mois, et l'intérêt d'un mois par 12 pour avoir celui d'un an. Ainsi chaque fois qu'on connaîtra l'intérêt d'un jour, il suffira de le multiplier par tel nombre de jours qu'on voudra pour en obtenir les intérêts.

Cette opération nous donne naturellement la méthode qu'on a suivie pour calculer les différens taux d'intérêts, pour connaître la somme par laquelle il faut diviser, sans avoir besoin, chaque fois qu'on fait une opération de ce genre, d'avoir recours au calcul pour la trouver.

Ainsi le nombre 36,000 est toujours dividende, le taux de l'intérêt diviseur, et le nombre placé dans le tableau, en regard du taux, le quotient.

Exemple.

Pour le taux à 3 p. 100 , j'ai divisé 36,000 par 3. La réponse est 12,000, que j'ai placés en regard du taux dans le tableau.

Pour le taux à 3 1/8 pour 100. — J'ai multiplié le dénominateur 8 de cette fraction par 3 , en y ajoutant le numérateur 1 , et j'ai eu 25. Ensuite, comme j'ai rendu le diviseur huit fois plus fort qu'il ne l'était , j'ai fait la même opération sur le dividende 36,000 que j'ai multiplié par 8. Cette préparation faite , j'ai divisé 288,000 par 25, et j'ai obtenu pour quotient 11,520 que j'ai portés au tableau en regard du taux de 3 1/8.

Ces deux opérations sont plus que suffisantes pour les personnes qui voudront continuer le tableau.

COMPTE DE RETOUR.

Compte de retour, et frais à une traite de quatre cent soixante-seize fr., tirée par Gaspard, de Marseille, le 4 janvier 1825, à l'ordre de Colin, sur Boivin, de Paris, échéant le 20 courant, et protestée faute de paiement :

	fr.	c.
Principal.	476	»
Protêt et amende.	40	55
Commission à 1/2 pᵣ o/o.	2	38
Courtage et certificat.	1	o5
Timbre de la retraite et du présent. .	1	10
Ports de lettres.	1	5o
	522	58
Perte à la négociation 1 pᵣ o/o. . . .	5	22
	527	80

De laquelle somme de cinq cent vingt-sept francs, quatre-vingts centimes, je me rembourse sur M. Romain, de Bordeaux, mon cédant, eu ma traite de ce jour, à vue, à l'ordre de M. Dorvilly.

Paris, le 3o janvier 1825.

signé, Duval.

Je soussigné, agent de change, à Paris, certifie, avoir négocié à M. Duval, la traite désignée au compte de retour ci-dessus, à un p. 100 de perte, change actuel de Paris sur Bordeaux.

Signé, L....

CONCLUSION.

Le teneur de livre intelligent, doit toujours établir la plus grande connexité dans ses écritures ; c'est ainsi qu'en enlaçant tous les anneaux de la chaîne de sa comptabilité, il en parcourra toutes les ramifications avec facilicité : c'est par ce seul et unique moyen qu'il pourra suivre, dans chaque livre, les opérations qu'ils renferment, et les résultats qu'elles auront donnés. Si, par exemple, on prend dans le Grand-Livre un article au hasard, et qu'on veuille connaître les détails qui le concernent, quelque minutieux qu'ils soient, il ne sera pas difficile de remonter au livre auxiliaire qui doit naturellement les donner, si les principes que j'ai donnés ont été clairement expliqués : la même chose arrivera, si l'on prend un livre auxiliaire, et qu'on veuille suivre la trace d'une opération qu'il renferme.

Ainsi, je pose en principe que le teneur de livres doit (et ceci s'entend généralement pour toutes les opérations) indiquer au Journal d'où il a pris les articles qu'il y passe, et dans chaque livre auxiliaire, la page du Journal où les articles sont portés. Et pour les articles qu'il forme sur des simples notes remises par les négocians, il doit les conserver avec soin, et les mettre en liasse par ordre de date, afin que si, par la suite, il avait besoin de quelques renseignemens sur ces articles, il pût les trouver sans une trop grande perte de temps.

Quelque méthode que suive, quelque forme que donne aux livres l'homme chargé de tenir les écritures d'un négociant, si ses livres sont bien montés, il lui sera facile de donner, à chaque moment, la situation des comptes, et avec eux, celle du négociant ; et les opérations marcheront pour ainsi dire d'elles-mêmes. Mais si, au contraire, cet homme n'a jamais travaillé que d'après des exemples détachés, sans nulle liaison, sans ordre ni méthode ; que ces exemples ne forment point entre eux un corps complet ; enfin, s'il a travaillé sans réflexion, sans jugement ; qu'il n'ait jamais songé à se rendre raison de l'ensemble des opérations qui passent sous ses yeux, et des résultats qu'elles doivent ou peuvent donner, il est clair que le négociant ne doit pas s'attendre à voir dans sa comptabilité, la clarté, la précision et la sûreté qu'il désire y trouver.

FIN.

TABLE DES MATIÈRES.

PREMIÈRE PARTIE.

FIN DE LA TABLE DES MATIÈRES.